VENTE : Lundi 14 Novembre 1904 et jours suivants.

EXPOSITION : Dimanche 13 Novemb

Collection de feu M. MASSICOT

ANTIQUITÉS ÉGYPTIENNES
et Objets d'Orient

OBJETS D'ART DU JAPON
et de la Chine

✣ ✣ ✣

Meubles — Objets divers

COMMISSAIRES-PRISEURS :

Mᵉ Maurice DELESTRE   Mᵉ Fernand COUTANCEAU
5, rue Saint-Georges   7, rue Sainte-Anne

EXPERT :

M. S. BING, 10, rue Saint-Georges.

ANTIQUITÉS ÉGYPTIENNES

et Objets d'Orient

OBJETS D'ART DU JAPON
et de la Chine

CONDITIONS DE LA VENTE

Elle sera faite au comptant.

Les acquéreurs paieront **dix pour cent** en sus du prix d'adjudication.

Le titre des métaux précieux n'est pas garanti.

L'exposition mettant le public à même de se rendre compte de l'état et de la nature des objets, aucune réclamation ne sera admise, une fois l'adjudication prononcée.

Collection de feu M. MASSICOT

ANTIQUITÉS ÉGYPTIENNES

et Objets d'Orient

OBJETS D'ART DU JAPON et de la Chine

Laques, Inro, Jades, Cloisonnés,
Bronzes, Céramiques, Objets en ivoire, Bois sculptés, Netsuké, Gardes de sabre, Étoffes,
Étagères et Vitrines

IMPORTANTE COLLECTION de LAQUES DE PÉKING

ESTAMPES ET LIVRES ILLUSTRÉS

Ouvrages sur l'Art du Japon et de la Chine

DONT LA VENTE AUX ENCHÈRES PUBLIQUES AURA LIEU A PARIS

Hôtel Drouot, Salle n° 2

Les Lundi 14, Mardi 15, Mercredi 16 et Jeudi 17 Novembre 1904

à deux heures

Commissaires-Priseurs :

M. Maurice DELESTRE
5, rue Saint-Georges

M. Fernand COUTANCEAU
7, rue Sainte-Anne

Expert :

M. S. BING, 10, rue Saint-Georges

CHEZ LESQUELS SE DISTRIBUE LE PRÉSENT CATALOGUE

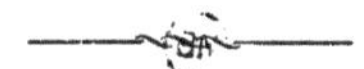

EXPOSITION PUBLIQUE, le Dimanche 13 Novembre 1904, Salle n° 2

De 1 heure et demie à 6 heures

PREMIÈRE PARTIE

ANTIQUITÉS ÉGYPTIENNES

1. — Statuette d'Osiris en bronze incrusté d'or. La divinité est représentée assise dans sa pose hiératique traditionnelle, les bras croisés sur la poitrine et tenant ses attributs symboliques : le fléau et le crochet. Haut. 0.35.

2. — Statuette en bronze représentant la reine Cléopâtre sous forme de la déesse Isis. Elle est figurée en marche. Manquent les bras. Haut. 0.32.

3. — Épervier en bronze incarnant le dieu Horus. Haut. 0.30.

4. — Neïth en bronze, assise sur socle à inscriptions, accompagnée de deux Horus se tenant debout de chaque côté du socle, en avant de la figure principale. Un prêtre en adoration est agenouillé devant la déesse. Haut. 0.16.

5. — Osiris en bronze, avec collier gravé. Haut. 0.26.

6. — Chat assis, en bronze, avec collier gravé d'un œil symbolique. Haut. 0.17.

7. — Horus à tête d'épervier, en bronze, sur socle rectangulaire reposant sur deux lions archaïques et supportant une petite figure de scribe en adoration tourné vers la divinité. Haut. 0.12.

8. — Phtah, dieu de Memphis, en bronze, debout. Haut. 0,18.

9. — Horus assis, en bronze, à coiffure royale. Haut. 0,24.

10. — Horus en marche, bronze. Haut. 0,14.

11. — Horus faisant des offrandes, bronze. Haut. 0,11.

11 *bis*. — Neïth debout, bronze. Haut. 0,17.

12. — Sept statuettes diverses : divinités debout et assises, bronze.

13. — Quatre divinités assises et un chat, bronze.

14. — Dix pièces diverses.

15. — Vingt-sept pièces diverses, bronze et faïence.

16. — Sekhet debout, en argent. Haut. 0,05 1/2.

17. — Deux momies, l'une en pierre noire, l'autre en faïence bleu turquoise.

18. — Tête d'Horus en granit; couvercle de canope.

19. — Deux couvercles de canope à tête humaine en terre cuite.

20. — Trois groupes de statuettes osiriennes en bois peint.

21. — Canope avec couvercle à tête de cynocéphale, en calcaire; inscriptions hiéroglyphiques.

22. — Canope avec couvercle, à tête humaine en albâtre; inscriptions hiéroglyphiques et dessins de figures.

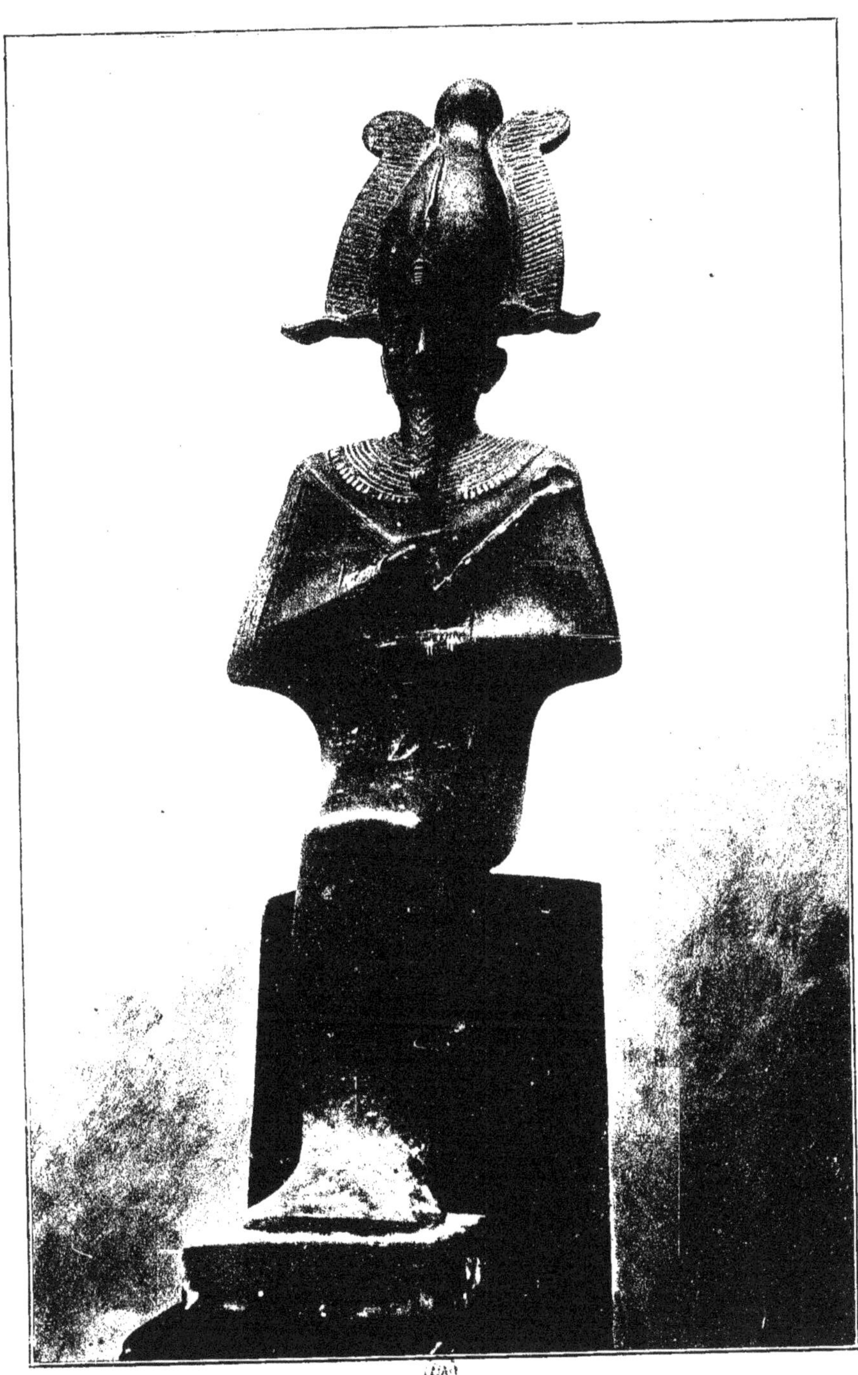

N° 1.

23. — Alabastron en albâtre à deux oreillettes.

24. — Épervier sacré momifié.

25. — Trois statuettes funéraires en calcaire peint.

26. — Scarabée et une triade.

27. — Chapelet composé de trente-cinq scarabées.

28. — Chapelet composé de vingt-cinq scarabées.

29. — Sept colliers de momies.

30. — Six scarabées divers.

31. — Sept verreries syriennes.

32. — Deux pièces en terre cuite : Lampe à inscriptions grecques et figurine en forme de canope.

OBJETS D'ART D'EXTRÈME-ORIENT

Matières dures

33. — Grand vase en jade vert. Forme de balustre plat, avec anses à têtes de chimères où sont engagés des anneaux mobiles. L'ornementation, au trait gravé et doré, forme un damier losangé avec le motif répété du swastika et s'enrichit, à chaque croisement de lignes, d'une petite perle en corail. Les têtes de chimères sont incrustées d'yeux en cristal et d'un bouton de corail rose sur le sommet. Socle en bois sculpté. Haut. 0.36 *(collection E. de Goncourt)*.

34. — Deux coupes circulaires et plates en jade vert uni, posant sur un double socle en bois ajouré. Diamètre de chaque coupe, 0.24.

35. — Cassolette en jade blanc laiteux, à panse sphérique surmonté d'une gorge et se terminant par un couvercle bombé. L'ornementation, exécutée en ciselure, représente quatre motifs floraux de style indien sur la panse, couronnés par une bordure de palmettes à l'épaulement et par une double retombée de feuilles sur le couvercle. Haut. 0.11.

36. — Coupe en jade blanc grisâtre, ciselée en fleur de chrysanthème. Diam. 0.14 1/2.

37. — Vase rituel en jade gris. Forme surbaissée sur piédouche, dont les bords évasés donnent naissance à deux anses à têtes de dragons, le tour de la panse clouté d'une triple rangée de tenons. Haut. 0.11.

38. — Vase à fleurs en jade blanc, de forme quadrangulaire à côtes saillantes et portant un renflement à mi-hauteur. Il est décoré d'un motif ornemental ciselé et gravé. Haut. 0.15. Socle en bois.

39. — Statuette en jade blanc, représentant une déesse soulevant une courge. A son côté, une chèvre. Haut. 0,19.

40. — Écran composé d'une plaque de jade encastrée dans une monture en bois ajouré.

41. — Plaque de ceinture en jade blanc, représentant un crabe.

42. — Trois plaques en jade blanc ajouré et gravé.

43. — Six petits groupes et statuettes en jade blanc.

44. — Dix ornements en jade blanc, formant des figures.

45. — Sept ornements en jade variés, formant des animaux.

46. — Trois ornements en jade blanc, formant des fruits.

47. — Huit rondelles en jade blanc, diversement ornées.

48. — Six petites plaques en jade blanc, ajourées et ciselées.

49. — Onze petits ornements en jade, variés de formes et de décors.

50. — Trois petits ornements en cornaline, en cristal et en jade.

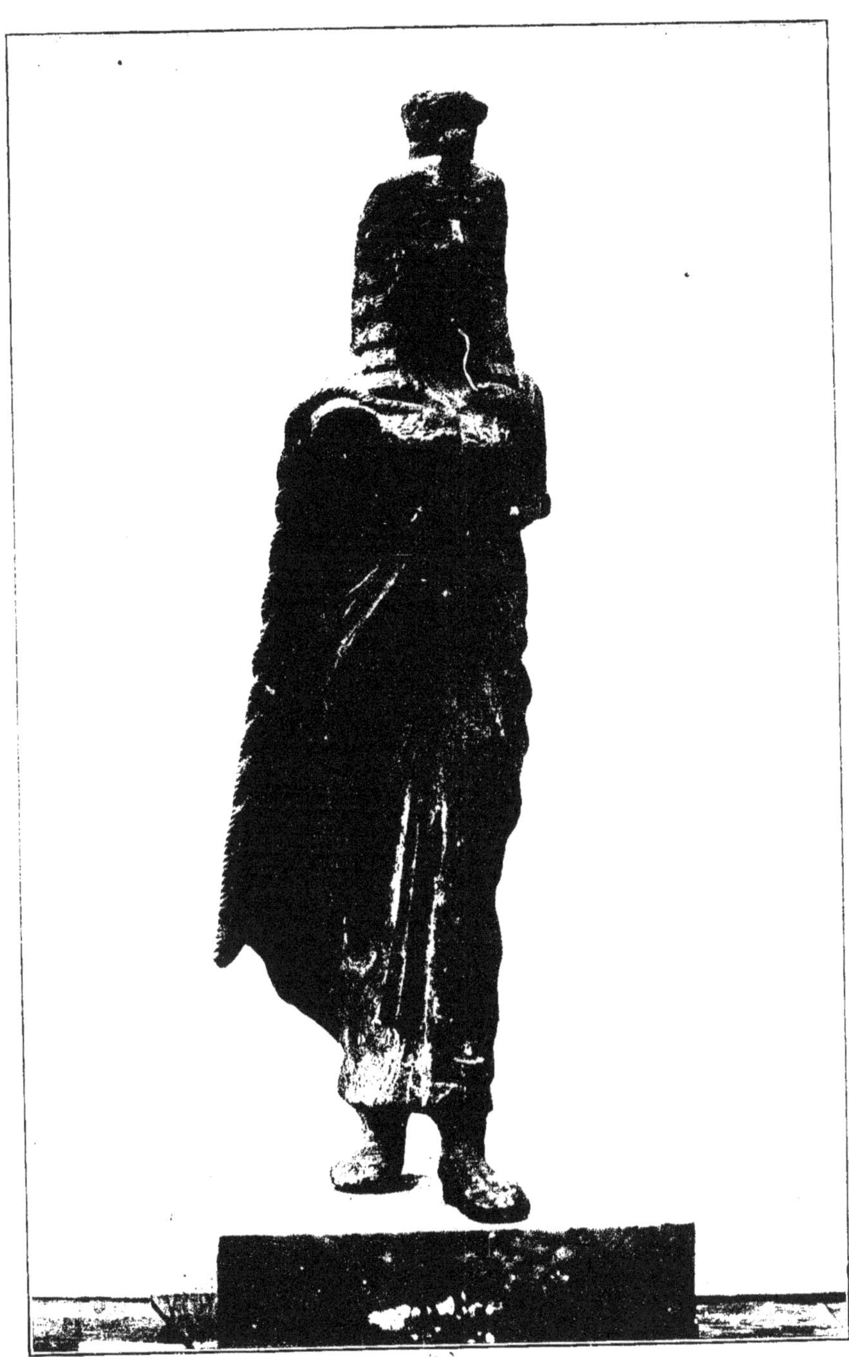

(58)

N.º 2.

51. — Vingt-deux petits ornements en pierres variées et en émail.

52. — Fume-cigare en cornaline, gravé de personnages légendaires accompagnés d'animaux.

53. — Fume-cigarette en jade blanc.

54. — Deux fume-cigare et cigarette en jade blanc.

55. — Bitoung[1] en pierre tendre et transparente à ton verdâtre, de forme cylindro-conique. Le décor, en gravure, représente un cavalier sur un pont entouré de rochers.

1. Mot chinois pour porte-pinceaux.

Cloisonnés

56*[1]. — Coupe en cloisonné de tons sombres, à motif d'oiseau de *hô*
dans un médaillon central entouré d'une large bordure à dessins géométriques séparant des groupes de fleurs. Très fin travail japonais.
Diam. 0.37.

57. — Deux plateaux de guéridon décorés de fleurs sur fond d'émail
bleu turquoise. Travail chinois. Diam. 0.39.

58. — Deux coupes avec couvercles, formant une sphère portée
par un haut piédouche et surmontée d'une prise en forme de petite
boule. Le décor se compose d'une succession de zones ornementales
en tons variés. Travail chinois. Haut. 0.46.

[1] Ce numéro, ainsi que les autres numéros pourvus d'un astérisque, proviennent de
la collection de M. K...

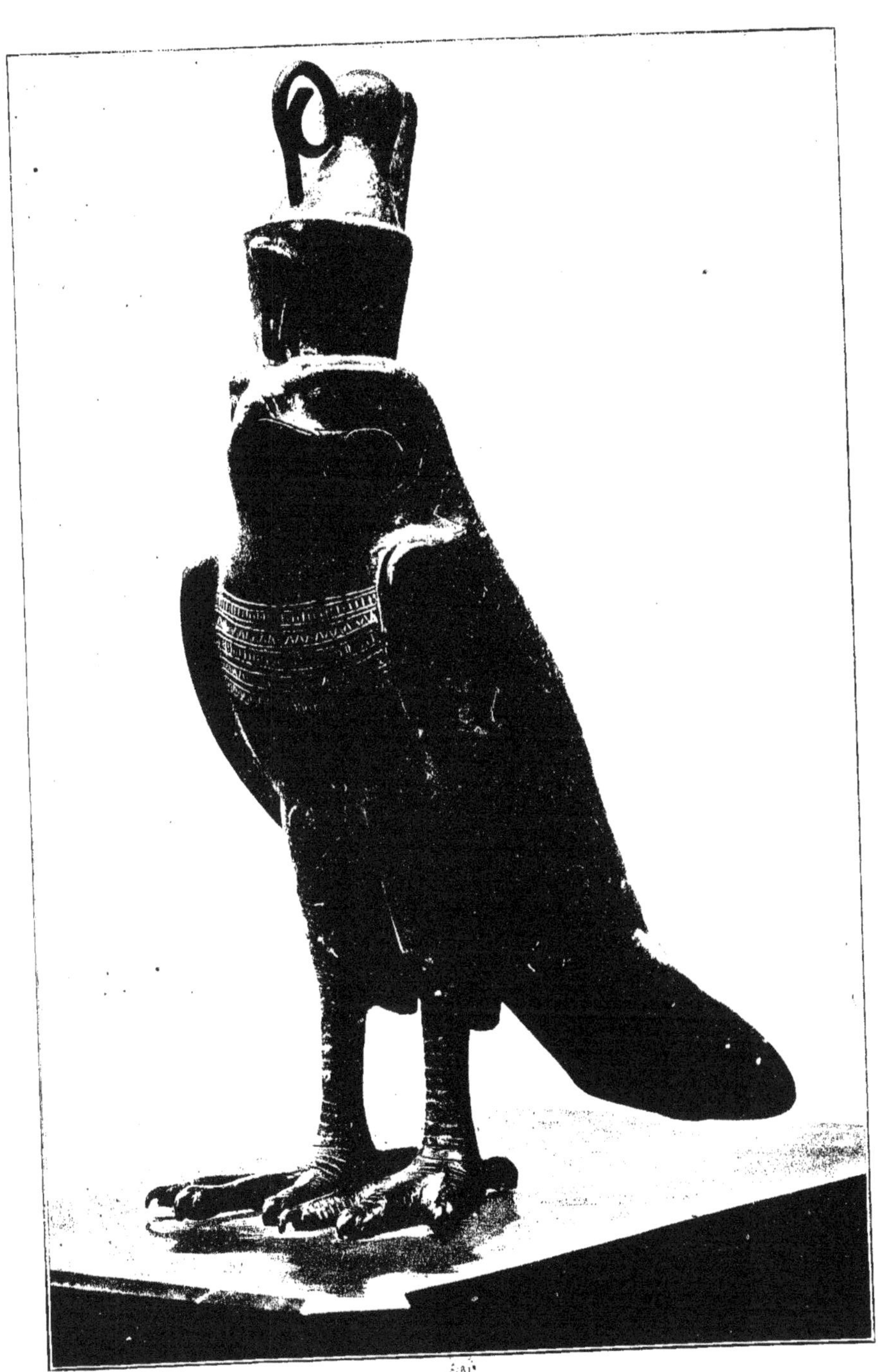

N° 3.

Laques de Péking

59. — Grand vase à corps ovoïde à côtes de melon, sur piédouche, et surmonté d'un col évasé. La ciselure du laque rouge offre, au pourtour, une large frise florale enlaçant les emblèmes de la longévité et s'inscrivant entre deux bordures à dessins géométriques. L'épaulement est contourné de plusieurs zones d'un motif à bâtons rompus, surmonté à son tour par une bordure de fleurs sur laquelle s'amorce le col à décor de palmettes. A hauteur de l'épaulement se trouvent appliqués deux mascarons en cuivre doré et repoussé, maintenant un anneau mobile. Haut. 0,71.

60. — Deux grandes boîtes circulaires et lobées, dont le dessus offre un large médaillon chargé de kiosques dans un parc animé de nombreux groupes d'enfants se divertissant à des jeux divers et au plaisir de la récolte de lotus dans les pièces d'eau. Diam. 0,47.

61. — Grande boîte et un couvercle de boîte de même forme que les précédentes mais ornés, sur le plat, de grands dragons s'enroulant au milieu des vagues. Ce motif s'encadre d'une large zone de feuillages, coupée par des cartouches de fleurs variées. Diam. 0,47.

62. — Boîte ronde et haute dont le dessus est occupé par un médaillon chargé d'un dragon au milieu de flots stylisés, et contourné par une frise offrant un motif analogue. Au pourtour deux zones composées de cartouches à dragons alternent avec des motifs de fleurs et d'attributs. Haut. 0,33 ; Diam. 0,39.

63. — Coffret rectangulaire avec couvercle à charnière et monture en bronze ciselé servant de fermoir et d'anses latérales. Le plat du couvercle est ciselé d'une réunion de vases fleuris, de brûle-parfums, d'ustensiles d'écriture et d'ornements divers, dans un champ borné par une bordure à bâtons rompus dont la répétition encadre au pourtour des groupements de pêches de longévité, de swastika et de la chauve-souris stylisée. A l'intérieur, un plateau laqué d'or, d'un dessin ornemental, en or sur fond noir. Long. 0,42.

64. — Deux supports rectangulaires divisés chacun en deux socles inégaux comme hauteur et largeur. Long. totale 0,41 ; Haut. 0,18.

65. — Paire de flambeaux en forme de colonne coupée vers le milieu par un plateau circulaire à rebord. Décor de rinceaux fleuris. Haut. 0,28.

66. — Paire de cornets à renflement médian et à bord largement évasé : décor analogue aux flambeaux qui précèdent. Haut. 0,27.

67. — Deux jardinières carrées à pans coupés, montées sur socles et ciselées, au pourtour, de vues de jardins animés de personnages accompagnés d'enfants et de serviteurs. Haut. 0,17.

68. — Deux grandes boîtes de forme sphérique. Le dessus est occupé par un médaillon de paysage où se voit une divinité planant sur un oiseau de *Hô* au milieu des nuages, qui apparaît à un ermite en contemplation sur une terrasse. Pourtour de bordure ornementale coupée par des cartouches d'attributs. Diam. 0,29.

69. — Deux boîtes sphériques gravées de côtes longitudinales à ciselure de fleurs qui laissent en réserve un médaillon central chargé de scènes légendaires. Diam. 0,21.

70. — Deux boîtes rondes dont le dessus plat est ciselé de chimères jouant au milieu des nuages. Pourtour d'entrelacs. Diam. 0,18.

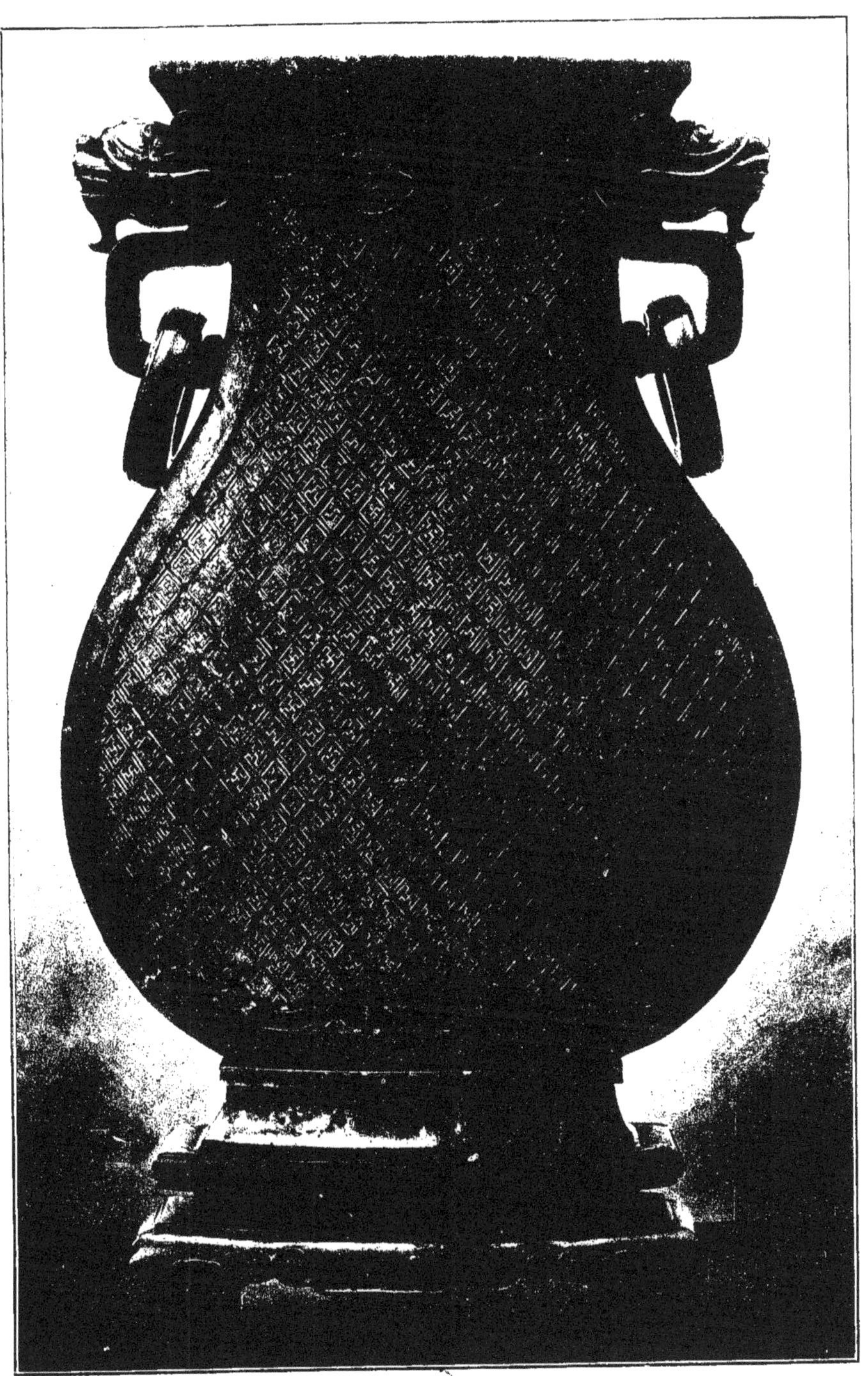

N° 33.

71. — Six coupes évasées, montées sur un haut piédouche et doublées de métal doré. Au pourtour un décor de fleurs stylisées entremêlé de caractères hiératiques. Haut. 0,13.

72. — Boîte en forme de la pêche de longévité. Sur le couvercle se voient des personnages légendaires, debout sur des feuilles de roseaux au milieu de la mer. Au pourtour, un enlacement touffu de tiges de pêchers garnies de leurs fruits.

73. — Quatre boîtes, plus petites que la précédente, en forme de la pêche de longévité, ciselées, sur le haut des couvercles, de scènes légendaires entourées d'une ramification touffue de branches fleuries.

74. — Plateau carré entouré d'un rebord en bois noir à angles rentrés. Le décor du plateau représente une chevauchée de seigneurs au bord de la mer. Larg. 0.27.

75. — Plateau rond ciselé d'un décor floral au centre avec entourage de zones concentriques, à dessins variés. Le pourtour est extérieur contourné par une zone de pivoines stylisées. Diam. 0.29.

76. — Deux petits plateaux oblongs à bords festonnés, offrant au centre un dessin d'alvéoles.

77. — Trois petits plateaux de forme lobée, à dessin analogue aux plateaux précédents.

78. — Bonbonnière ronde et plate. Devant un kiosque, un seigneur escorté de trois serviteurs s'approche d'une biche qui se retourne vers lui.

79. — Boîte ronde à deux compartiments superposés. Dans un médaillon se trouve représenté un personnage féminin debout sur une terrasse, au milieu de quatre enfants.

80. — Pot à pinceaux cylindrique finement ciselé de scènes légendaires représentant des personnages voguant au milieu d'une mer agitée.

81. — Petit pot circulaire avec séparation médiane et orné d'une rangée de cannelures au pourtour.

82. — Deux boites. L'une en forme de pêche garnie de feuillages et l'autre en forme d'éventail avec incrustations d'ornements en pierres gravées.

83. — Bonbonnière plate, gravée d'un dessin géométrique.

84. — Deux petites coupes. L'une, en forme de bol, est contournée d'une frise florale animée d'oiseaux ; l'autre, ustensile rituel, est de forme ovale à anse et doublé de métal.

85. — Trois petites bonbonnières de forme lenticulaire, ciselées de fleurs.

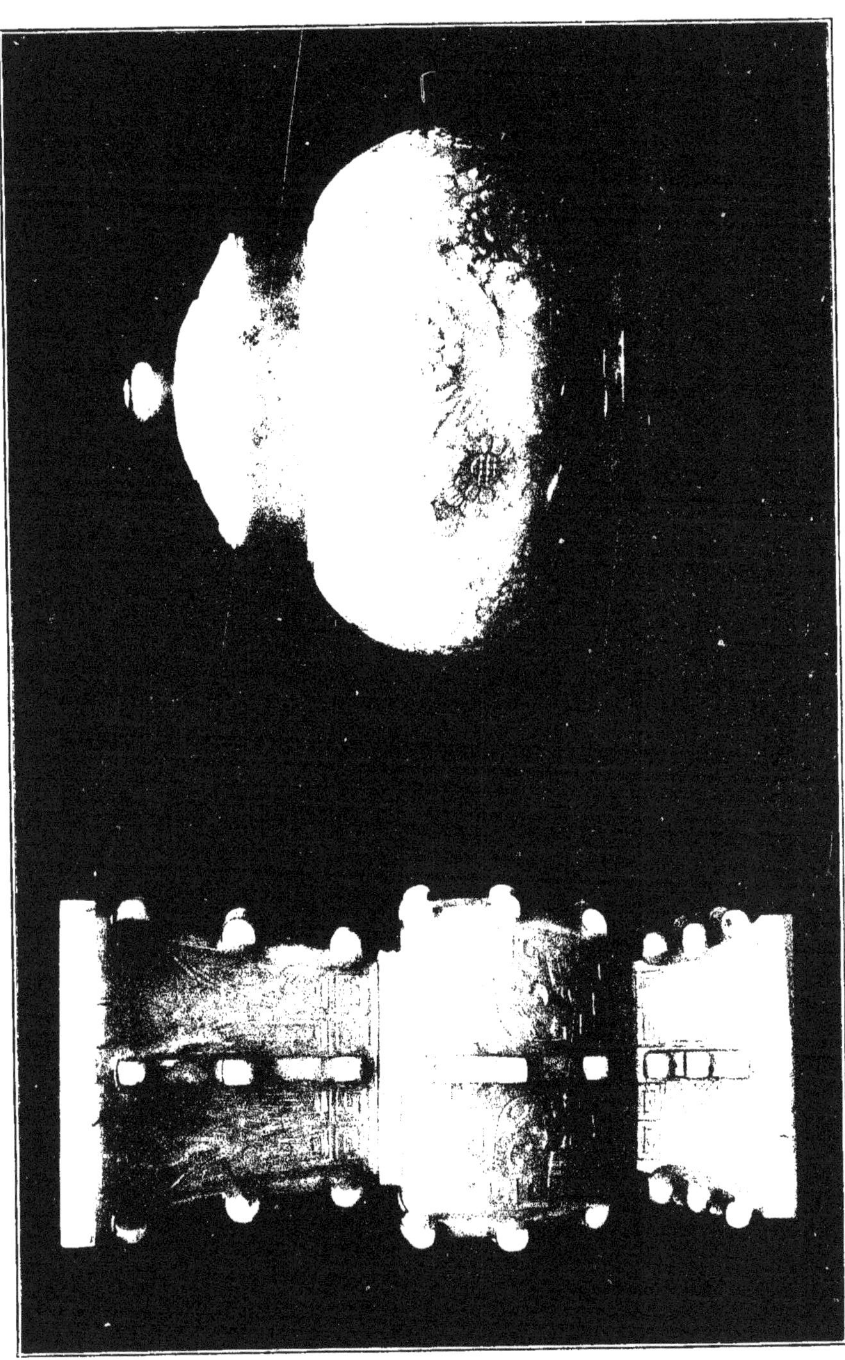

Laques du Japon

86*. — Écritoire aux angles arrondis, avec couvercle légèrement
bombé. Sur un fond d'or d'un beau ton métallique qui recouvre toutes
les parois extérieures et intérieures de la boîte, y compris le dessous,
s'enlève le très riche décor d'une tige de camélia dont les fleurs et le
feuillage sont figurés en incrustations de plomb et de lamelles de
burgau aux irisations les plus chaudes et les plus colorées. Derrière
cette tige émerge une branche de pin aux longues aiguilles d'étain. La
suite de ce même décor enrichit l'intérieur de la boîte avec, au revers
du couvercle, la signature *Hokio Kôrin*.

87*. —— légèrement bombée aux bords cerclés d'argent. Sur un
fin sablé d'or sont éparpillées, en laque d'or, des cartes de poésie
ornées des portraits de chaque poète. L'intérieur de la boîte est en
aventurine décorée, en or, d'un kiosque sur les bords d'un ruisseau
aux rives fleuries d'herbes sauvages.

88*. —— carrée, décorée, sur fond noir en laque d'or, en plomb
et en burgau, d'une liane fleurie. Au revers du couvercle se découpe,
en mêmes matières mais sur fond aventuriné, un groupe de trois
cigognes debout au bord d'un ruisseau. Godet à eau en bronze, figurant un des Rakans accompagné d'une chimère.

89*. —— en laque noir, portant. en haut relief de laque de couleur
et d'or, un masque de *nô* à mâchoire mobile. Au revers du couvercle

se trouve jeté, en laque rouge puissamment modelé, un autre masque de *nô*.

90. — Écritoire carrée aux angles arrondis, décoré en laque d'or et burgau sur un fond de galuchat, d'un paysage de rivière animé d'une barque, au bord duquel un temple avec pagode se dresse derrière une bande de nuages. A l'intérieur, l'orbe rouge du soleil se couche derrière un bouquet de pins.

91. —— en laque noir modelé en relief d'un tourbillon de nuages que traverse un dragon en laque d'or. L'intérieur, en aventurine, offre, au revers du couvercle, un tigre en laque d'or sur un tertre ombragé de bambous.

92. —— avec couvercle à bords retombants. Le fond noir est décoré, en laque d'or et de couleurs, d'un haut palmier au pied duquel poussent des fleurs sauvages. L'intérieur est en noir mat avivé de tiges fleuries en noir brillant.

93. — Boîte rectangulaire avec couvercle à bords rabattants, décorée, sur fond noir, d'un grand *mon* central tiré des feuilles de wistaria, au milieu de nuages stylisés et d'un semis de pétales.

94*. — Longue boîte à message en laque d'or offrant, sur le dessus et au revers du couvercle, un paysage de hautes montagnes aux flancs boisés de pins et de cerisiers dont les fleurettes sont rendues en incrustations d'or et d'argent.

95. — Boîte à parfums, en laque d'or, de forme hexagone, très richement décorée sur le couvercle et au pourtour d'un paysage qui représente les collines de Yoshino traversées par la chute d'un torrent, et toutes couvertes de jeunes cerisiers dont les fleurs sont en or et en argent ciselés. Sous le couvercle, un plateau, déployant une autre partie du même site, repose sur les bords de la boîte. L'intérieur

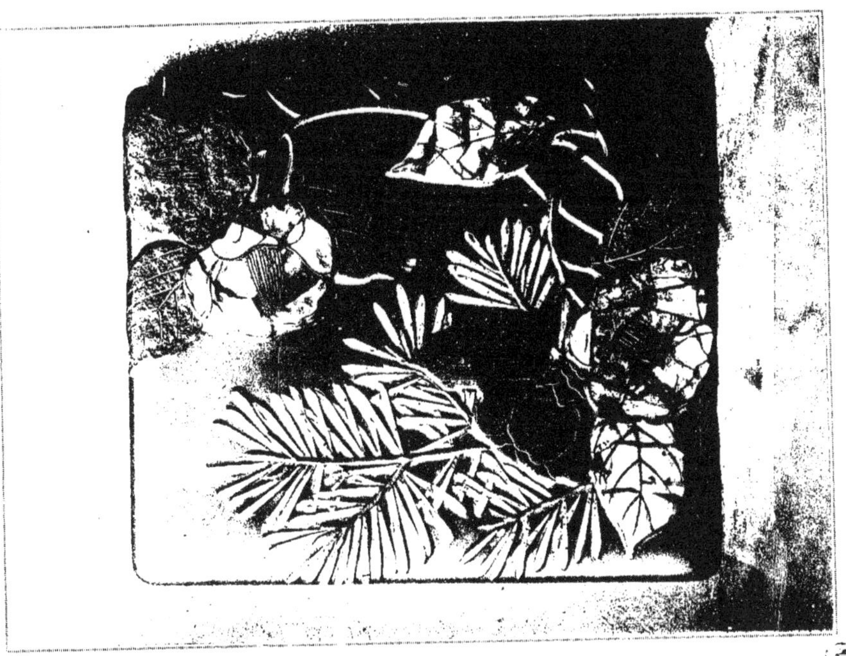

est occupé par trois petites boîtes en losanges juxtaposées sur une planchette munie d'une tige centrale servant de prise pour sortir ce jeu de trois boîtes qui offrent, sur leur fond d'or, des semis de fleurs de cerisier, de chrysanthèmes ou de feuilles d'érable.

96. — Boîte à parfums en laque d'or, simulant deux carrés se pénétrant mutuellement. Celui qui pré ate sa superficie complète, offre un médaillon circulaire avec figure de princesse, au milieu d'un riche piquetis d'or parsemé d'éventails. L'autre carré, sur lequel le premier empiète et dont les bords aux angles abattus sont cerclés d'argent, est décoré d'un paysage égayé d'arbres en fleur.

97. — Boîte à parfums, de forme lobée en laque d'or, représentant, sur le couvercle, un tambourin horizontalement posé sur un bas piédestal en avant duquel se silhouette l'instrument à tuyaux d'orgue, appelé *tchó*. Au pourtour, sur des fonds de décor géométrique, un semis d'ornements variés.

98. Boîte en laque d'or, représentant une habitation rustique à deux corps de bâtiment, dont les toits en chaume forment couvercle.

99. — Boîte à parfums en laque d'or, figurant deux carrés se pénétrant. Le décor, tant sur le dessus plat qu'au pourtour, se compose de paysages montagneux, où des constructions de temples, des châteaux-forts et des villages s'élèvent au bord de la mer.

100. — — de forme lobée en laque d'or couvert d'un semis serré de larges fleurs de chrysanthème en toghidachi, transparaissant sous une résille retenue au centre par une cordelière à glands retombants. Sur le rebord intérieur est placé un plateau où se continue le même décor de chrysanthèmes.

101. — — en laque d'or pavé, de forme dentelée, représentant deux feuilles d'érable avec une sauterelle. A l'intérieur un petit plateau,

posant sur les bords, est décoré, sur un fond d'or uni, d'un ruisseau
serpentant sous des bosquets d'érable qui ombragent des collines.

102. — Boîte à parfums en laque d'or affectant la forme de l'instrument
à cordes appelé *biwa*. Le fond, moiré d'une imitation des veines du
bois, est traversé par une bande d'or uni, décoré de chrysanthèmes.

103. — Boîte en laque d'or, figurant un instrument de musique à
tuyaux d'orgues sur lequel est jeté une flûte. Au milieu, une large frise
enrichit le couvercle d'un oiseau de *hô* au vol, en relief. Au pourtour,
une succession de frises offrent de très fines ornementations en toghidachi d'or mélangé de couleurs.

104. Boîte à parfums hexagone à couvercle plat, décorée de tiges de
chrysanthèmes d'or sur un très riche pailleté d'or s'enlevant sur un
fond noir.

105. — Coffret à thé de forme rectangulaire, en laque aventuriné,
enrichi d'un paysage, dont la suite décore aussi un plateau intérieur
reposant sur les bords de la boîte.

106. — Boîte en laque à fond noir sablé d'or parsemé de grands
éventails à décors de paysages. Sur les bords intérieurs repose un plateau pourvu d'un décor assorti.

107. — Plateau rectangulaire à poignée surélevée, en laque aventuriné décoré d'un vieux pin au bord de l'eau, avec les emblèmes de
longévité composés de la tortue à longue queue rampant et d'une grue
volant dans l'espace.

108. — Boîte à message en laque aventuriné semé du *mon* du kiri et
de *mons* circulaires.

109. — Boîte à parfums à trois compartiments superposés. Elle est

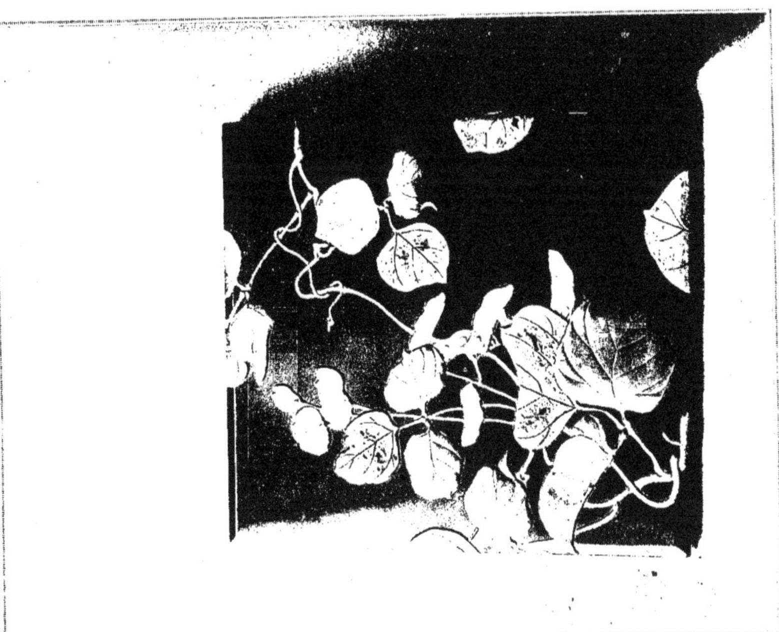

N° 88.

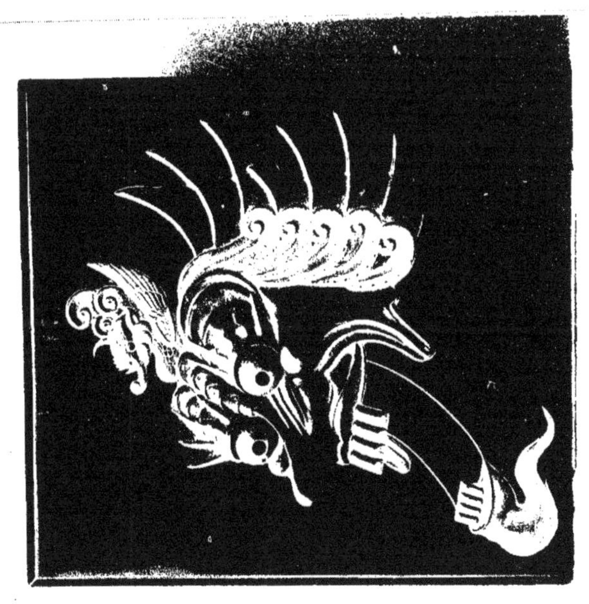

N° 89.

de forme carrée à angles abattus et ornée d'un décor de bambous et de fleurs en laque d'or sur un fond noir.

110. — Écritoire en laque aventuriné, orné d'un paysage agreste animé de cerfs. Au revers du couvercle un paon déploie sa queue au milieu d'arbustes de chrysanthèmes sauvages. Retombée de glycines au fond de la boîte.

111. — Boîte en forme de rognon en laque aventuriné, le couvercle décoré d'un torïï au bord de l'eau et le pourtour orné de rinceaux.

112. — Petit cabinet rectangulaire à dessus bombé et garni de trois tiroirs. Bois dur décoré, en laque d'or, de paysages fleuris de cerisiers sur des collines entourées d'eau.

113. — Deux récipients à eau en laque aventuriné garnis de becs et d'anses. L'un, de grande dimension, est enrichi de rinceaux d'aoï et semé d'armoiries ; l'autre, beaucoup plus petit, est simplement décoré d'armoiries.

114. — Cinq supports à montants cintrés, en laque noir décoré de petits rinceaux.

115. — Cabinet de forme cubique dont les quatre faces et le dessus sont couverts d'un semis de masques de *nô* en reliefs d'or sur fond *mokoumé* imitant, en or, les veines du bois. Ferrures en argent ciselé.

116. — Deux objets en laque aventuriné, orné d'un semis de *mons* : Pot à cendres et coupe ronde sur piédouche.

117. — Boîte en laque d'or de forme rectangulaire avec angles arrondis. Le décor représente le char d'un seigneur arrêté sous un cerisier fleuri.

118. — Boîte en laque d'or même forme. Semis de cartouches de paysages en réserves noires dans le fond d'or.

119. — Deux plateaux ronds à décor de feuillages en laque d'or sur fond noir.

120. — Grand cabinet en laque d'or formant étagère. Les parties pleines s'ouvrant par huit petites portes à coulisse, par une porte à deux battants et par cinq tiroirs, le tout garni de fermoirs et de poignées d'argent gravé. Le très riche décor représente une série de paysages d'une exécution extrêmement fine sur la face du meuble et un semis de fleurs sur le dessus et sur les autres parties horizontales formant tablettes. Socle en laque noir à rinceaux d'or. Haut. 1.37 ; larg. 0.96.

121. — Appareil de fumeur composé d'un petit cabinet en bois naturel décoré, en laque d'or, d'un paysage avec chutes d'eau sur les deux faces principales, et d'attributs divers sur les côtés. Monture en argent, de ferrures et d'une anse surélevée. Dans le plateau supérieur se trouvent encastrés les pots à charbons ardents et à cendres. Long. 0.21.

122. — Socle de forme oblongue à contour lobé et monté sur quatre pieds cintrés. Laque rouge sculpté de tiges de grenades garnies de leurs feuilles. Long. 0.40.

123. — Petit cabinet rectangulaire en laque rouge sculpté de rinceaux fleuris. Haut. 0.18.

124. — Boîte ronde à couvercle retombant, en laque noir, enrichi de décors d'or. Travail chinois. Diam. 0.24.

125. — Deux piédestaux en laque noir décoré de tiges fleuries avec incrustations de nacre et d'ivoire. Haut. 0.36.

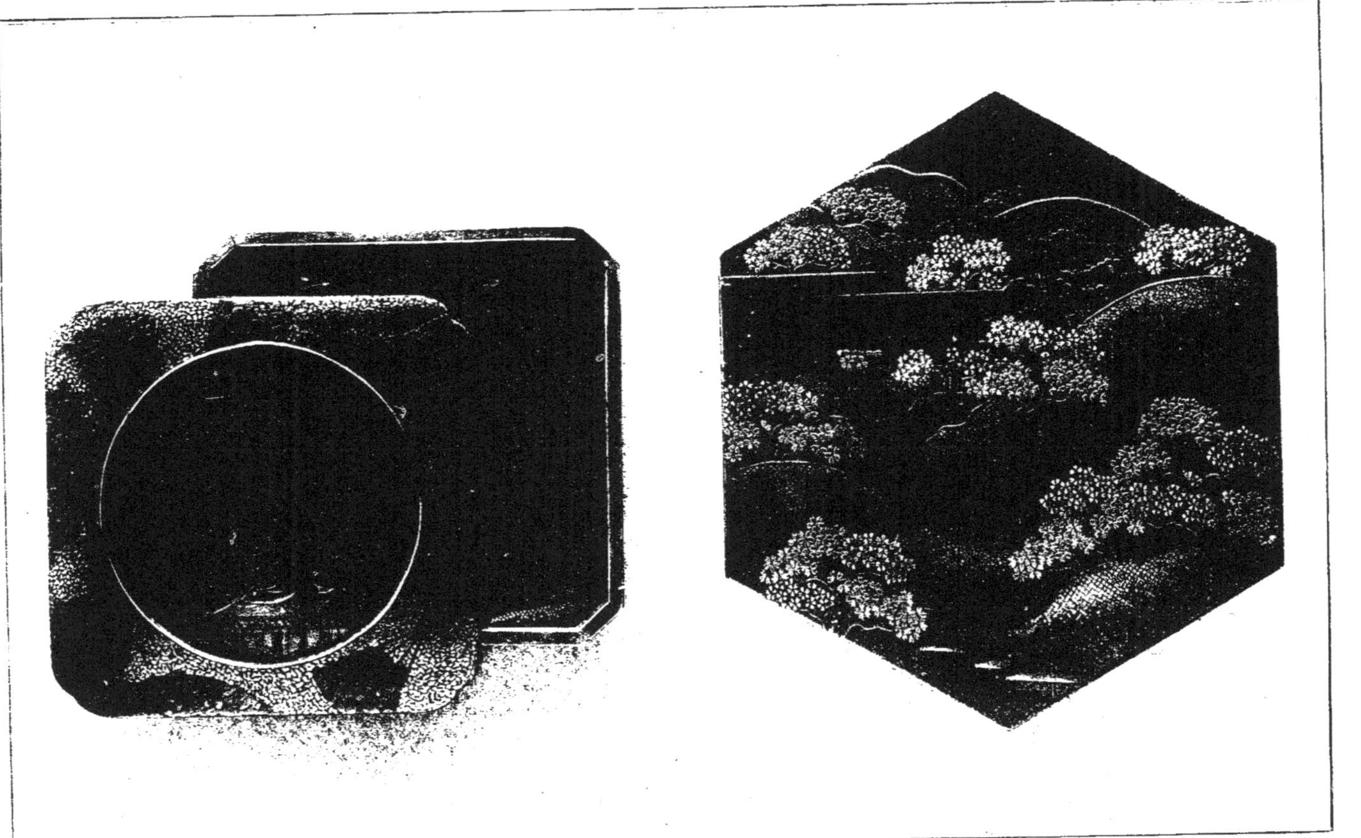

(318)
N° 96.
N° 95.

126. — Petite coupe à saké en laque d'or, offrant le sujet du poète aux chrysanthèmes.

127. — Quatre coupes à saké en laque d'or semé de cartouches de paysages.

128. — Six coupes à saké en laque d'or à décors variés.

129. — Deux coupes à saké rouges : Aiguilles de pin et fleurettes. — Multitude de tortues.

130. — Deux coupes à saké rouges : Temple au bord de la mer. — Collines fleuries de cerisiers.

131. — Deux coupes à saké rouges : Bords de rivière. — L'île d'Yénoshima.

132. — Coupe à saké rouge. Tronc de cerisier.

133. — Deux grandes coupes à saké rouges, décorées de personnages en laque or et couleurs.

134. — Deux coupes à saké rouges. Cerisier en fleur et feuilles de saule.

135. — Deux coupes à saké rouge : Intérieur de ville traversé par une rivière. — Grande salle d'un palais donnant sur la mer.

136. — Vingt-sept coupes à saké rouges, à décors variés.

137. — Trois pièces : 1° Petite coupe à saké en porcelaine blanche décorée, en bleu et or, d'une vue du temple de Kiyomizu. — 2° Deux petites coupes à piédouche en porcelaine de la Chine à décor de figures.

138. — Jeu de sept petites coupes à saké en porcelaine mince, chacune décorée, à l'intérieur d'un des sept dieux du bonheur.

Inro

— —

139. — Inro à cinq cases, en laque d'or, offrant un paysage avec chaumière au pied de hautes collines boisées de cerisiers dont les fleurettes sont rendues en or et argent ciselés. Une cascade se jette à pic d'une grande hauteur.

140. —— en laque d'or décoré de montagnes arrosées d'une chute d'eau au bas de laquelle rampent des tortues à queue échevelée.

141. —— Corbeille de fleurs sur fond poudré incrusté de papillons en nacre et en burgau.

142. —— à fond d'or mat sur lequel se détachent de souples tiges de feuillage garnies de baies de couleur.

143. —— en laque d'or, décoré d'un paysage avec chaumière sous les arbres.

144. —— en laque rouge se lequel se détachent des groupes d'enfants, l'un d'eux accompagné d'un bœuf.

145. —— Dragon et tortue de longévité en laque d'or sur fond noir.

146. —— Semis de *mons* en laque d'or sur un fond d'herbes enchevêtrées.

147. — Inro en laque d'or décoré d'un pendantif à feuillages incrusté de fleurs en burgau.

148. —— en laque poudré. Coq et poule sur un toit de chaume.

149. —— en laque d'or. Un pont jeté sur une rivière où tourne une roue hydraulique.

150. —— en laque d'or. Tiges de chrysanthème.

151. —— à fond noir, détachant en vigueur des branches de feuillages avec incrustations de burgau, portant deux insectes en relief.

152. —— à décors d'herbes en laque d'or et burgau sur fond noir.

153. —— en laque toghidachi, représentant des bateaux de passeur naviguant dans une eau agitée.

154. —— en laque rouge sculpté de volutes, encadrant, sur chaque face, un panneau rectangulaire dans lequel une mosaïque de burgau représente des kiosques chinois animés de personnages.

155. —— en laque noir décoré, en or avec incrustations de burgau, d'une tige de biwa et d'abeilles.

156. —— décoré, en laque d'or, de deux barques dans les roseaux.

157. —— en laque d'or, figurant des collines boisées de jeunes pins.

158. —— en laque d'or à décor toghidachi, représentant deux gros rats.

159. —— en laque rouge, sculpté de philosophes chinois sous des pins.

160. — Inro en laque d'or de forme arrondie. Arbuste incrusté de grappes de baies rouges et vertes.

161. —— Deux petits inros en laque d'or, décorés, dans le style de Kôrin, avec incrustations de plomb et de nacre : Hotei, son sac sur les épaules. — Plante fleurie.

162. —— Deux inros, décorés de paysages en laque d'or.

163. —— à décors de personnages : Poète au milieu de plants de chrysanthèmes. — Enfants chinois donnant à manger à une grue ou pourchassant des insectes.

164. —— décorés de paysages en laque d'or.

165. —— en laque noir. Pont arrondi en dos d'âne. — Tige de chrysanthème sur fond poudré.

166. —— en laque brun, décorés d'oiseaux et fleurs.

167. —— en laque de couleur : Fond rouge décoré d'un joueur de flûte chevauchant un bœuf. — Fond brun creusé de sillons en volute, genre nommé *gouri*.

168. —— *a*, Pin avec nid de grue sur fond or. — *b*, Étagement de collines avec des vues de temples.

169*. — Inro à fond noir, offrant un aigle en laque d'argent sur tronc de pin en laque d'or.

170*. — en laque d'or mat, décoré de hautes tiges de chrysanthèmes et de pivoines, avec détails exécutés dans un riche piquetis de burgau et d'or.

171*. — Inro en laque d'or, décoré de paysages agrestes avec lac et une cascade tombant de hautes falaises. Signé : *Kajikawa*.

172*. — décoré en laque d'or d'un plant de chrysanthème se détachant sur un très fin sablé d'or.

173*. — de forme ovale en laque d'or plein orné de faisans sur tronc d'arbre ou sur perchoir.

174*. — Deux inro en laque noir : Cerisier coupé par des bandes de nuages. — Poisson émergeant de l'eau.

Bronzes

175. — Figure de Kwannon debout, la main droite levée au-dessus de sa gauche ouverte, vers laquelle se portent les regards de la divinité. Haut. 0,68.

176. — Porte-miroir en forme d'une licorne couchée.

177. — Chat couché formant brûle-parfums, un papillon posé sur le dos de l'animal servant de prise au couvercle.

178. — Bœuf de laboureur couché.

179. — Statuette d'un Senninn. A ses pieds se voit un crapaud que le saint personnage amuse en soulevant sa jambe gauche dans un mouvement de danse. Haut. 0,36.

180. — Divinité bouddhique à six bras, assise sur la fleur de lotus; les chairs dorées. Haut. 0,43.

181. — Statuette d'Amida assise sur un socle dont l'ornementation est empruntée à la fleur de lotus. Haut. 0,27.

182. — Trois statuettes variées en bronze doré.

183. — Quatre statuettes en bronze patiné montées sur socles. Types variés.

184. — Quatre statuettes de modèles variés.

185. — Paire de chimères jouant en courant l'une vers l'autre.

186. — Deux dragons à queue enroulée, transformés en une paire d'appliques à électricité. Long. 0,42.

187. — Paire de lanternes de temple en bronze partiellement doré. Sur un haut piédestal à renflement médian un corps sphérique à pans coupés et ajouré du *mon* impérial du chrysanthème et surmonté d'un dôme qui se termine en forme de la perle sacrée. Haut. 1,23.

188. — Dieu de longévité monté sur une biche. Haut. 0,33.

189. — Sujet analogue. Haut. 0,30.

190. — Saint boudhique, à cheval sur une chimère. Haut. 0,27.

191. — Bœuf de laboureur chargé. Long. 0,24.

192. — Chimère assise.

193. — Vase en forme de balustre allongé à six pans sur un socle plat légèrement débordant et garni à l'épaulement de deux dragons formant anses. Haut. 0,39.

194. — Grand brûle-parfums formé d'une vasque circulaire à bord lobé, montée sur trois pieds et couronnée par un couvercle ajouré en forme de dôme, dont l'ornementation représente un enchevêtrement de tous les emblèmes du bonheur et de la longévité. Socle en bois sculpté. Haut. 0,98.

195. — Brûle-parfums à corps conique monté sur trois têtes d'éléphant à longues trompes servant de pieds. Haut. 0,26.

196. — Vase à panse globulaire surmontée d'un col cylindrique aboutissant à un large plateau, deux anses à têtes de dragon au col. Haut. 0,27.

197. — Paire de vases en forme de balustre allongé sur piédouche et garnis d'anses à tête de dragons supportant des anneaux mobiles. Haut. 0,29.

198. — Paire de vases cylindriques dont la surface grenue représente les flots d'où émergent en haut relief, des dragons enroulés. Haut. 0,25.

199. — Quatre vases de formes et de décors variés.

200. — Quatre vases de formes et de décors variés.

201. — Quatre vases de formes et de décors variés.

202. — Quatre vases de formes et de décors variés.

203. — Deux brûle-parfums ; l'un de forme rectangulaire, reposant sur quatre pieds, le couvercle surmonté d'une chimère ; l'autre, tripode, à corps sphérique ajouré d'une tige feuillue.

204. — Trois petits brûle-parfums ; forme elliptique ou à pans coupés ; les couvercles réticulés, d'un ajourage à réserves de fleurs.

205. — Deux petits brûle-parfums bas, en forme de chimère.

206. — Chaumière avec petit bâtiment latéral.

207. — Flambeau formé d'un personnage debout, la tête supportant deux feuilles superposées. Haut. 0,30.

208. — Canard formant brûle-parfums. Haut 0,15.

209. — Philosophe voyageant sur un mulet Haut. 0,26.

210. — Éléphant supportant une pagode à deux étages couronnés par un dragon. Haut. 0,29.

211. — Canard mandarin formant brûle-parfums.

212. — Oie sauvage formant brûle-parfums, montée sur un socle hexagone.

213. — Crabe formant presse-papier.

214. — Crapaud et son petit, formant presse-papier.

215. — Deux serpents enroulés à tête et queue dressées.

216. — Écran supporté par deux licornes et silhouettant, dans un découpage, le dieu de la longévité sous le vol d'une grue.

217. — Coupe à fleurs en forme d'entonnoir reposant sur un trépied simulant le jaillissement de petites vagues.

218. — Deux animaux : Bœuf de laboureur debout et chèvre couchée.

219. — Deux animaux couchés : Chimère et chien.

220. — Deux groupes formés chacun d'un enfant monté sur un bœuf.

221. — Trois statuettes : Foukourokou ; Hoteï entre deux enfants ; Senninn à la gourde.

222. — Trois animaux : Tortues à queue et chimère.

223. — Six petites pièces : Deux coupes, un petit support, vase et petit brûle-parfums d'autel et une écritoire portative.

224. — Boîte ronde en façon de vannerie, le dessus couvert d'une plaque argentée et gravée d'un paysage.

225. — Vase quadrangulaire avec arêtes saillantes, se terminant par un bord circulaire. Haut. 0,25.

226. — Petit cornet à décor de palmettes coupé au milieu par un léger renflement. Haut. 0,17.

227. — Brûle-parfums à panse surbaissée supportée par trois pieds et garnie de deux anses en surélévation; couvercle surmonté d'une chimère. Haut. 0,37.

228. — Jardinière basse de forme rectangulaire sur quatre pieds; reliefs de poissons dans les vagues. Long. 0,17.

229. — Trois pièces : Deux cloches de temple, et un miroir.

230. — Trois vases tripodes.

231. — Paire de flambeaux, formé chacun de deux grues sur socle à quatre pieds.

232. — Paire de flambeaux, formé chacun d'une grue sur tortue.

233. — Grue montée sur une tortue, la tête abaissée tenant une tige de lotus formant flambeau.

234. — Crapaud à trois pattes formant brûle-parfums.

235. — Brûle-parfums en forme d'un poisson couché, la queue dressée.

236. — Petit cabinet cubique à portes pleines et garni intérieurement de trois tiroirs. Il est laqué d'un sablé d'or au milieu duquel se découpe, en réserve de métaux de couleurs variés et gravés, un semis d'éventails et d'écrans décorés de sujets variés.

237. — Support en forme de tabouret à cinq pieds, en métal rouge avec réserves de motifs floraux en ton de cuivre sur champs noirs.

238. — Gong formé d'une plaque de cuivre repoussé.

238 *bis*. — Dix-neuf pièces de bronze incomplètes.

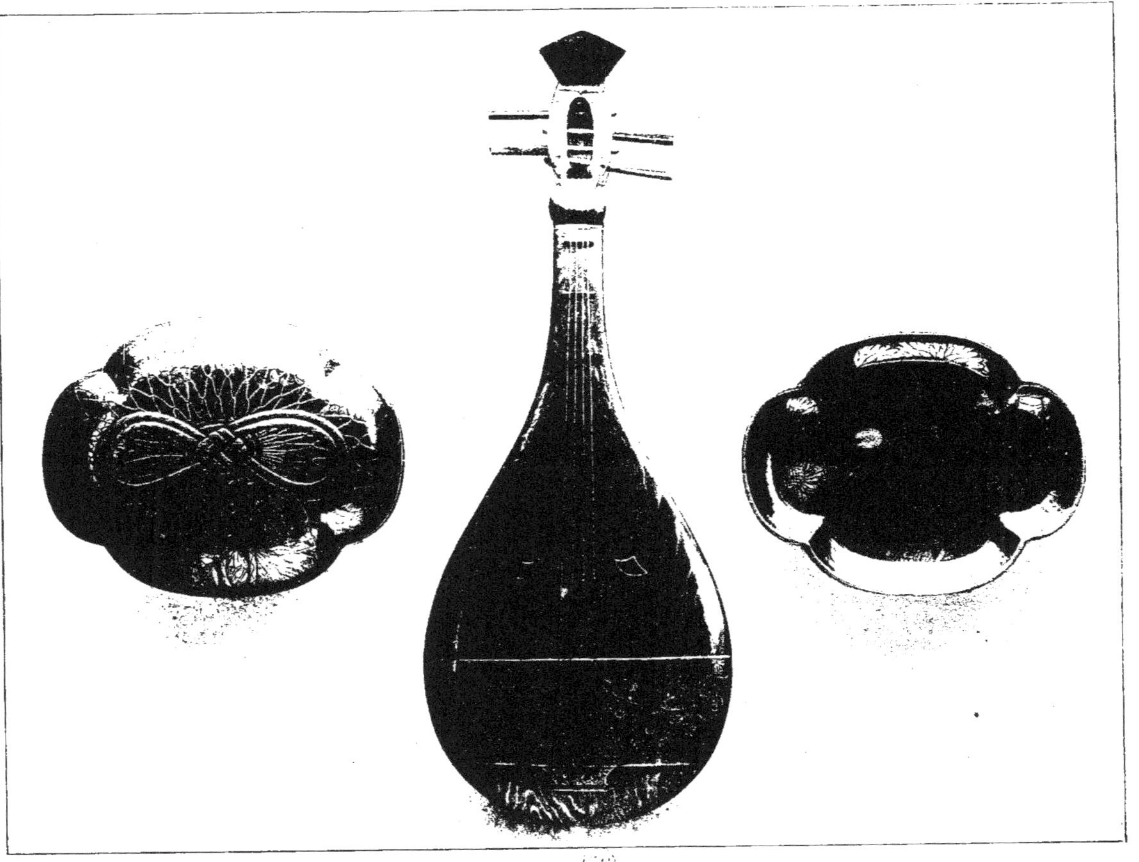

N° 100.
N° 102.
N° 101.

Armes

239. — Deux armures complètes montées sur mannequin : l'une d'elles munie d'un casque et d'un masque en fer.

240. — Fusils à canon incrusté d'un *mon* à la fleur de cerisier.

241. — Quinze sabres japonais variés.

242. — Un lot de vingt-deux lances japonaises, sagaies et divers accessoires.

243*. — Garde de sabre en fer plein et ciselée d'un décor de paysage.

244*. — Six gardes en fer plein à décors variés.

245*. — Cinq gardes en fer découpé à décor floral.

246*. — Quatre gardes en fer ajouré de décors variés.

247*. — Garde en fer ajouré aux cent singes.

248*. — Trois gardes en fer incrusté de cuivre à motifs floraux.

249*. — Garde en bronze ciselé et incrusté de motifs de vrilles accompagné d'un semis de *mon*.

250*. — Garde en bronze jaune : chimère au pied d'une cascade.

251*. — Garde en bronze jaune ciselé, offrant sur une face l'enroulement de deux dragons, et, au revers, un motif d'ondes agitées entouré d'une bordure sur laquelle se trouvent gravées des lettres européennes.

252*. — Garde en shakoudo incrusté d'or : guerrier au bord des flots dont émergent les dieux de la mer.

253*. — Garde en shakoudo grenu. Vol d'une grue au-dessus d'une barque.

254. — Sept gardes en bronze.

255. — Soixante-dix gardes en fer.

Bois sculptés

256. — Divinité bouddhique en bois polychromé. Le personnage est représenté assis, tenant de chaque main un de ses attributs, la tête cerclée d'une couronne dorée composée de seize saintes figures se détachant sur une rangée de palmettes. Travail chinois. Haut. 0,46.

257. — Statuette du dieu de la longévité en bois brun. Court de jambes, crâne hautement bombé, gros sourcils retombant en broussaille, la perle légendaire dans sa gauche, il maintient de la main droite son long bâton qui sert d'attache au rouleau des écritures sacrées. Travail japonais. Haut. 0,39.

258. — Grande figure d'Amida en bois laqué d'or. Les deux mains jointes sur le giron dans un geste symbolique, le dieu est assis sur un socle à fleur de lotus devant une grande auréole terminée en pointe, formant écran. Travail japonais. Haut. 1,49.

259. — Groupe en bois doré composé d'un personnage fantastique richement costumé et d'une jeune femme, se retournant vers un oiseau chimérique qui vole au-dessus de leurs têtes. Travail siamois. Haut. 0,64.

260. — Figure d'un saint chinois, taillé dans une racine. Le personnage est représenté dans un costume de mendiant et appuyé sur un long bâton. Travail chinois. Haut. 0,56.

261. — Statuette d'Yéma, souverain des enfers, en bois laqué de couleurs. Le dieu est représenté assis, son sceptre levé dans la main droite. Travail japonais. Haut. 0,16.

262 — Chapelle en bois laqué d'or renfermant une statuette de Jisô. Travail japonais. Haut. 0,66.

263. — Personnage bouddhique, laqué or et rouge, debout, dans un geste d'adoration, sur socle à fleur de lotus laqué d'or. Travail japonais. Haut. 0,48.

264. — Statuette d'un saint prêtre posé, les mains jointes, sur un socle de style bouddhique. Travail japonais. Haut. 0,65.

265. — Quatre chapelles, renfermant des divinités. Travail japonais.

266. — Personnage chinois prosterné, un sabot à la main, sur une roche baignée d'une vague. Racine laquée et incrustée de pavés d'or. Travail japonais.

267. — Trois petites statuettes représentant des divinités. Travail japonais.

268. — Statuette représentant un personnage chevauchant un crapaud, et portant autour du cou un chapelet de sapèques. Travail chinois.

269. — Trois statuettes représentant des personnages divers. Travail chinois.

270. — Seigneur japonais accroupi. Bois laqué.

271. — Tortue, formant boite, portant son petit sur la carapace qui sert de couvercle. Travail japonais.

272. — Quatre pièces en bambou : Deux porte-pinceaux, un petit brûle-parfums et un peigne à long manche.

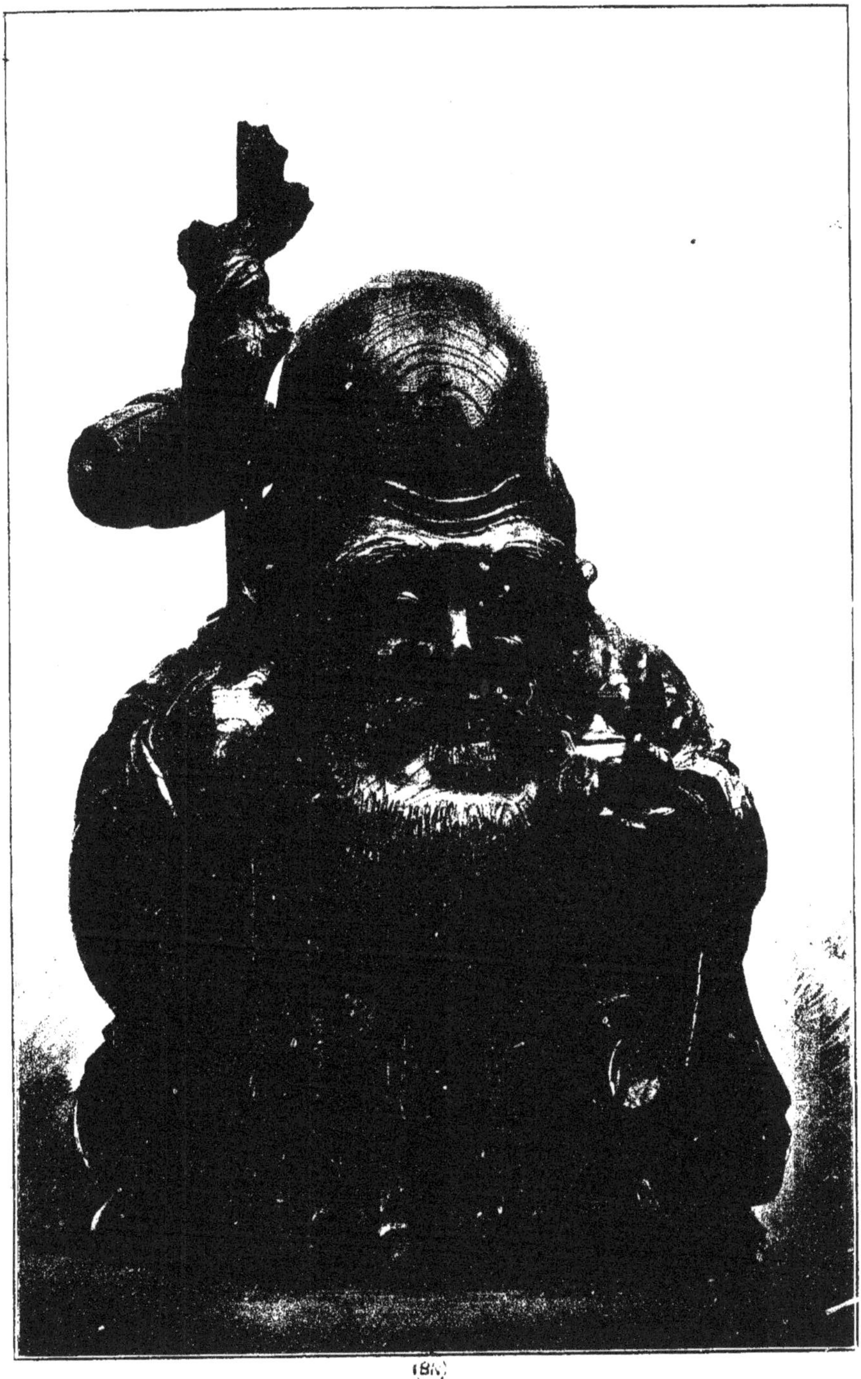

273. — Statuette, en bois noir, du dieu Inari, debout sur un renard couché entre deux petits renards et tenant une faucille à la main ; le tout monté sur un socle carré. Travail japonais. Haut. 0,25.

274. — Deux petites statuettes en bois brun foncé, rehaussé de détails en laque d'or : Dieu de longévité. — Pèlerin et enfant. Travail japonais. Haut. 0,12.

275. — Statuette d'une fillette en bois sculpté à visage d'ivoire. Travail japonais. Haut. 0,10.

276. — Onze statuettes variées en bois sculpté.

277. — Trois statuettes en bois clair, représentant des personnages bouddhiques.

278. — Deux têtes de divinités bouddhiques : l'une laquée de rouge et l'autre laquée d'or. Travail japonais.

279. — Masque de *no*, type féminin. Travail japonais.

280. — Collection de trente petits masques divers. Travail japonais.

281. — Deux frises en bois sculpté et laqué d'or : Vol d'oiseaux parmi des branches fleuries. — Chimères jouant au milieu des pivoines. Travail japonais. Long. 1,54 ; larg. 0.48.

282. — Frise en bois sculpté et laqué d'or : Dragon dans les nuages. Travail japonais. Long. 1.33.

283. — Deux frises en bois sculpté et laqué d'or : Dragons émergeant des flots. Travail japonais. Long. 0,92.

284. — Deux frises en bois clair représentant des dragons se tordant au milieu des vagues. Travail japonais. Long. 0,70.

Netsuké

285*. — Trois grands netsuké en bois : Senninn et hommes aux longues jambes.

286*. — Netsuké en bois. Escargot.

287*. — Deux netsuké en bois : Renard et enfant. — Jeune chien.

288*. —Deux netsuké en bois : Sculpteur de masques. —- Diablotin attrapant Shôki sous son chapeau.

289*. — Cinq netsuké en bois ; sujets de personnages.

290*. — Cinq netsuké en bois ; sujets d'animaux.

291*. — Quatre netsuké en bois ; sujets variés

292*. — Deux netsuké en bois; groupes de personnages.

293*. —— Masque de rieur et masque d'homme du peuple aux yeux d'ivoire.

294*. —— Masque de vieillard et masque à bouche largement fendue.

295*. — Onze netsuké en ivoire; sujets variés.

296*. — Netsuké bouton en ivoire avec plaque d'argent repoussée et ciselée d'un dragon.

297*. — Deux netsuké boutons en ivoire avec plaques de chibutchi gravées et ciselées; femme en vêtement de Dharma, et buste d'acteur.

298*. ——— Hotei et Foukourokou traversant un gué.

299. — Deux netsuké en bois, en forme de têtes de mort.

300. — Treize netsuké en bois, représentant des figures.

301. — Huit netsuké en bois, représentant des animaux.

302. — Dix netsuké en bois, représentant des masques.

303. — Trois netsuké d'ivoire : grenouille ; Senninn ; chimère.

304. — Trois netsuké en forme de boutons : *a*. Ivoire à motif de dragon. — *b*. Plaque d'ivoire gravé d'un motif d'enfant. — *c*. Plaque d'argent gravé d'une chimère.

305. — Deux netsuké variés : Châtaigne taillée dans une pierre tendre. — Bouton en laque à décor de fleurs.

306. — Deux netsuké en bois : Homme aux longues jambes. — Personnage à tête d'animal.

307. —— Netsuké en bois. Singe et ses petits.

308. — Sept netsuké en bois ; sujets variés.

309. — Cinq grands netsuké en ivoire ; personnages variés.

310. — Netsuké en ivoire incrusté de corail et de pierres. Chimère couchée.

311. —— Diablotin grimpé sur un kakémono d'où émerge la tête de Chôki.

312. —— Personnage fourrant une pieuvre dans un panier.

313. — Deux netsuké en ivoire : Femme chargée d'un gros champignon. — Bûcheron à côté d'une souche.

314. — Quarante-huit netsuké en ivoire et os ; sujets variés.

Céramiques

---

315. — Deux briques en porcelaine disposées en écran sur des montures en bois noir sculpté. Le décor, en émaux de la famille verte, offre, sur une face, des scènes à personnages et des motifs de fleurs sur l'autre face. Travail chinois du XVIIe siècle.

316*. — Grès de Bizen. Aigle sur un haut rocher, guettant sa proie. Haut. 0,38.

317*. — Gourde à double renflement en grès de Bizen, munie, en guise d'anse, d'une vrille et portant sur ses flancs une tige dont les feuilles sont exécutées partie en plomb, partie en laque d'or. Haut. 0,21.

318*. — Petite bouteille à panse piriforme en grès de Bizen, décorée, en laque de couleur, en plomb, en nacre et en faïence, d'une tige garnie de feuilles et de baies. Haut. 0,19 1/2.

319*. — Poterie de Séto. Petit tchaïré à couverte de brun jaspé.

320. — Deux tchaïré de Séto à tons bruns ; formes variées.

321. — Dix-sept tchaïré de fabrications et de formes variées.

322. — Canard mandarin sur une roche. Takatori.

323. — Guerrier des vieilles dynasties, à cheval. Grès à couverte brune. Travail chinois.

324. — Récipient à eau composé d'une chimère portant un personnage coiffé d'un turban ; grès revêtu d'une couverte aubergine irisée. Travail chinois.

325. — Groupe composé de deux moineaux sur une meule de riz. Grès de Bizen.

326. — Singe travesti, assis sur le dos d'un cheval couché. Grès de Bizen.

327. — Deux pièces : Deux chimères se battant. — Chimère couchée. Grès de Bizen.

328. — Quatre petits objets variés.

329. — Deux netsuké : Chimère en grès de Bizen. — Vieillard à longue barbe, en porcelaine blanche du Japon.

Tabatières

330. — Sept flacons à tabac en porcelaine bleu et blanc de formes et décors variés.

331. — Six flacons à tabac en porcelaine de couleur à décors d'oiseaux, de plantes et d'insectes.

332. — Onze flacons à tabac en porcelaine de couleur à décors de personnages et de paysages divers.

333. — Cinq flacons à tabac en porcelaine de couleurs unies.

334. — Flacon à tabac de forme tubulaire en verre à deux couches, rouge et blanc, taillé, en camée, d'ornements géométriques.

335. — Flacon à tabac en émail, marbré rouge.

336. — Dix flacons à tabac variés, en verre.

337. — Flacon à tabac en bronze, orné, sur chaque face, d'un cartouche doré à motif floral en relief.

Objets divers

338. — Boîte oblongue couverte d'un revêtement de nacre imitant un natté de bambous, incrusté d'un médaillon de fleurs en matières diverses et laissant en réserve sur le couvercle une plaque de jade sculpté, de provenance chinoise. Travail japonais. Long. 0,15.

339. — Cage d'oiseaux de suspension en bois rouge sculpté, formant une jonque à panneaux ajourés. Long. 0,60.

340. — Pot à thé de forme ovoïde en métal blanc repoussé d'un motif de chimères au milieu de rochers fleuris de pivoines. Travail japonais. Haut. 0,22.

341. — Brûle-parfums en étain formé d'un cerf richement harnaché. Travail japonais. Haut. 0,29.

342. — Trois bouilloires en fer de formes et décors divers. Travail japonais.

343. — Ustensile de bureau en fer niellé or et argent, composé d'un flambeau et d'un encrier.

344. — Ustensile à frotter l'encre de chine, sous forme de tortue, en pierre d'ardoise. Travail japonais.

345. — Étui de pipe en os, ajouré d'un motif de dragons au milieu des eaux. Travail japonais.

346. — Douze étuis de pipe en os; décors variés. Travail japonais.

347. — Étui de pipe en bois sculpté, représentant la figure de l'homme aux longues jambes. Travail japonais.

348. — Squelette articulé, sculpté en ivoire. Travail japonais.

349. — Petit porte-pinceaux de forme tubulaire en ivoire, sculpté d'un bas-relief représentant Hotei accompagné d'un enfant, assis sous un pin. Travail japonais.

350. — Trois écritoires portatives en bronze. Décors variés. Travail japonais.

351. — Trois garnitures de baguettes à manger et couteaux, renfermés dans des gaines. Travail chinois.

352. — Deux petites horloges japonaises.

353. — Petit écran en bois sculpté encadrant une plaque de marbre.

354. — Bâton sacerdotal en ivoire sculpté d'un saint et d'un autre personnage. Travail européen.

355. — Groupe en pierre de lard composé de cinq divinités chinoises sur un rocher et une statuette isolée du dieu de la longévité.

356. — Quatorze ornements d'appliques en métal, montés sur trois planchettes.

357. — Cinq miroirs métalliques.

358. — Lanterne de suspension à corps hexagonal en cuivre ajouré.

359. — Cinq panneaux en bois naturel incrusté, en nacre, de sentences dans un encadrement ornemental. Haut. 1,95 et 1,85 ; larg. 0,25.

360. — Tableau offrant, sur un fond de bois bleu mat, la vue d'un monastère au pied de hautes montagnes, le tout incrusté en jade, en bois de couleur et autres matières ; cadre en bois sculpté et incrusté de plaques de jade ciselé. Haut. 1,20 ; larg. 0,85.

361. — Fuk'sa en satin noir brodé de gros bambous en or. Haut. 1,40 ; larg. 1,05.

362. — Un lot d'instruments de musique.

Étoffes

363 *. — Obi en soie. Semis de médaillons à dragons sur fond noir.

364. — Bandeau en soie, brodé en couleurs sur fond bleu, de fleurs et d'attributs variés. Long. 3,25 ; haut. 0,78.

365. — Deux grandes tentures brodées sur les deux faces et représentant d'un côté sur fond jaune et de l'autre côté sur fond bleu, un décor de dragons et d'attributs. L'une, long. 4,28 ; larg. 2,65 ; l'autre, long. 7,80 ; larg. 6 mètres.

366. — Paire de portières brodées sur fond rouge de grandes figures de femmes et d'enfants. Haut. 2,80 ; larg. 1,85.

367. — Paire de portières formées chacune d'un panneau de soie orné, en broderie d'or sur fond rouge, d'un décor de temple. Haut. 2,80 ; larg. 0,80.

368. — Trois pièces dont deux bandeaux et un panneau, brodés en couleurs sur fond rouge, de personnages et de fleurs.

369. — Panneau brodé sur soie blanche, d'une grande figure de divinité féminine. Haut. 1,78 ; larg. 0,74.

370. — Quinze morceaux de broderies diverses.

371. — Six robes en soie, à décors variés.

Étagères et Vitrines

372. — Deux étagères en bois sculpté et couronnées par un fronton ajouré. Haut. 1,45.

373. — Vitrine en glace de forme carrée à montants en fer poli et s'ouvrant par une porte à un seul battant. Haut. 1,22 : larg. 0,75.

374. — Vitrine tout en glaces enchâssées en fer poli, avec porte à deux ventaux. Haut. 1,30 ; larg. 0,89.

375. — Vitrine en bois, fermant par une porte à un seul ventail sur le devant, le fond et les parois latérales garnis de glaces à l'intérieur. Crémaillère en fer pourvue de six tablettes en glace. Haut. 1,85 : larg. 0,44.

376. — Vitrine en bois noir de forme circulaire imitant un kiosque chinois. Elle est montée sur une table ronde sculptée à jour, de travail chinois. Haut. 2 mètres.

377. — Vitrine de forme rectangulaire divisée verticalement en trois parties d'égale largeur et couronnée par un toit en forme de temple chinois. les parties de bois ornées de rinceaux peints en ton d'ivoire. Haut. 1,89 ; larg. 1,09.

Peintures

École chinoise.

378. — Quatre kakémono non montés. Sujets de personnages devant un palais et de paysages animés de figures.

379. — Deux makiyémono en soie damassée, avec inscriptions lamaïques en différentes couleurs.

380. — Deux kakémono : Hoteï et les enfants. — Groupe de divinités et de sages dans un paysage rocheux.

École japonaise.

381. — Trois pièces : deux kakémono représentant, l'un le Sennin *Gama ;* l'autre les sept dieux du bonheur, et un makiyémono à peinture de l'école de Toça.

382. — Deux aquarelles, école de Hok'sai, représentant un montreur de singe et une bûcheronne portant son enfant sur un fagot. Panneaux encadrés. Haut. 0,66, larg. 0,41.

383 — Trois pièces : paire de kakémono représentant deux femmes assises (école Oukioyé), un kakémono : Pêcheur (école de Hok'sai).

384. — Cinq kakémono : Poisson ; — Glycines et moineau ; — Coq ; — Groupe de trois guerriers ; — Dharma.

385. — Deux kakémono : Tige de pivoine dans un vase ; — Branche de prunier sous la lune.

386. — Deux makiyémono déroulant des peintures de l'école de Toça, représentant des scènes guerrières.

Estampes

Kiyonobou.

387. — Estampe grand format en hauteur. Scène de théâtre; lutte contre un éléphant.

Kiyominé.

388. — Deux estampes en hauteur. Scènes d'acteurs.

389. — Cinq estampes en hauteur. Figures de femmes.

Harunobou.

390. — Courtisane se promenant par la neige sous un parapluie porté par un serviteur et suivie de deux fillettes.

391. — Jeune dame lisant un rouleau et marchant accompagnée de sa fillette.

392. — Petit format, jeune femme accoudée à une table.

Koriusaï.

393. — Joueuse de flûte devant une maison dans laquelle un adolescent joue du tambourin.

Shunsho.

394. — Trois estampes, format en hauteur. Scènes de théâtre.

395. — Deux feuilles d'acteurs, format hossoyé.

396. — Petit format. Groupe d'acteurs femmes.

Shunyei.

397. — Format hossoyé. Acteurs.

398. — Deux estampes : Groupe de personnages. — Vue d'un temple.

Shunko.

399. — Trois estampes en hauteur. Scènes diverses.

Shunjô.

400. — Deux estampes. Acteurs.

Shuntei.

401. — Deux estampes en hauteur : Groupe d'acteurs et scène guerrière.

Kiyonaga.

402. — Trois estampes ; scènes de théâtre avec musiciens au second plan.

403. — Deux estampes représentant l'enfant Kintoki en compagnie de son ourson.

404. — Une estampe, jeux enfantins.

405. — Deux estampes, scènes diverses.

406. — Deux estampes : visites aux cerisiers et aux pivoines.

407. — Deux estampes, petit format : scènes diverses.

Shuntcho.

408. — Diptyque, représentant un groupe de huit personnages devant les murs d'un château seigneurial.

409. — Estampe en hauteur, représentant des femmes dans une maison de thé.

410. — Un guerrier se faisant verser du saké par des femmes.

411. — Estampe en hauteur. Harmonie en gris et lilas ; promenade de courtisanes sous les cerisiers.

412. — Trois estampes en hauteur, représentant des scènes d'intérieur.

413. — Deux estampes en hauteur à sujets variés.

Shunzan.

414. — Quatre estampes diverses.

Yeichi.

415. — Diptyque. Musiciennes et poétesses dans un intérieur.

416. — Deux estampes en hauteur. Dames en promenade.

417. — Estampe en hauteur. Jeune femme assise, tenant à la main un petit pot.

418. — Cinq estampes à figures de femmes.

Yeicho.

419. — Estampe en hauteur. Promenade dans les champs d'une dame abritée sous un parasol tenu par une suivante.

420. — Quatre estampes en hauteur. Scènes diverses.

Yeisui.

421. — Trois estampes ; bustes de femmes.

422. — Trois estampes ; bustes de femmes.

423. — Deux estampes ; scènes animées de divers personnages.

Kitao Massanobou.

424. — Deux diptyques, représentant des femmes du Yoshiwara.

425. — Quatre estampes diverses.

Massayochi.

426. — Trois estampes en hauteur. Scènes guerrières.

Toyoharou.

427. — Deux estampes en largeur. Paysages.

Divers.

428. — Onze estampes en hauteur. Scènes à personnages.

429. — Cinq estampes en largeur. Paysages.

Itchô.

430. — Quatre estampes en largeur. Scènes populaires.

Kounimassa.

431. — Estampe en hauteur. Buste d'acteur.

Tchôki.

432. — Trois estampes en hauteur. Scènes diverses.

Toyohiro.

433. — Estampe en hauteur. Personnages nobles devant un écran décoré du mont Fouji.

Toyokouni.

434. — Triptyque : Promenade sur la rive de la baie d'Yédo, en face Shinagawa.

435. — Cinq estampes en largeur, de la série des Roninn.

436. — Estampe en hauteur. Combat de lutteurs.

437. — Diptyque. Montreur de singe entouré de spectatrices dans un parc.

438. — Estampe en hauteur. Jeune homme accroupi devant une dame qui lui présente un pli fermé sur un plateau.

439. — Deux estampes en hauteur, chacune d'un groupe de deux acteurs.

440. — Huit estampes en hauteur; figures d'acteur.

441. — Six estampes diverses.

Outamaro.

442. — Triptyque : Occupations de femmes dans un intérieur.

443. —— Enfants représentant le groupe des sept dieux de bonheur dans un bateau à roulettes traîné par de jeunes femmes.

444. — Estampe en hauteur; jeune femme accroupie devant une coupe à saké.

445. — Deux estampes, chacune d'un groupe de deux femmes.

446. — Trois estampes ; groupe de figures à mi-corps.

447. — Six estampes; groupe de figures à mi-corps.

448. — Deux estampes de la série des Ronins transposés en personnages vulgaires.

449. — Quatre estampes : figures en buste.

450. — Huit estampes diverses.

Hok'saï.

451. — Deux paysages en largeur, de la série des Trente-six vues du Fouji.

452. — Trois paysages en largeur de la série des Ponts célèbres.

453. —— série des Cent poésies, des Trois amis du poète et des Iles Riukiu.

454. — Deux estampes en largeur, série des Roninn.

455. — Quatre estampes en largeur ; scènes de plein air.

456. — Estampe en hauteur ; courtisane en promenade.

457. — Deux sourimono carrés.

Sôri.

458. — Paysage en largeur, représentant une rizière animée de paysans faisant la cueillette.

Shinsaï.

459. — Trois paysages en largeur ; vues du lac d'Omi.

460. — Sourimono ; coq, en gaufrage blanc, sur un tambour.

Hokoujû.

461. — Estampe en largeur, représentant un pont reliant deux falaises.

462. — Deux estampes en largeur. Paysages.

École de Hok'saï.

463. — Une estampe en largeur. Récolte du thé.

Hirochighé.

464. — Quatre triptyques, scènes diverses.

465. — Sept petits paysages variés.

466. — Six estampes petit format, sujets à personnages.

467. — Dix paysages en largeur, tirés du grand Tokaïdo.

468. — Quatorze paysages divers, en largeur.

469. — Treize paysages en hauteur tirés des Trente-six vues de Tôtô (Yédo).

470. — Neuf paysages en hauteur, tirés des Soixante et quelques provinces.

471. — Six paysages en hauteur de la série des Cent vues de Yédo.

472. — Dix paysages divers en hauteur.

473. — Onze estampes en hauteur, figures de femmes.

474. — Sept estampes diverses, petit format en hauteur.

Shunsén.

475. — Dix estampes en largeur. Série de Roninn.

476. — Deux grands sourimono en largeur.

477. — Huit estampes en largeur. Scènes diverses.

Kouniyochi.

478. — Deux triptyques. Scènes de la cour de Yoritomo.

479. — Quatre estampes en hauteur. Scènes héroïques.

480. — Quatre estampes diverses.

481. — Neuf paysages en largeur de la série du Tokaïdo.

482. — Triptyque d'acteurs.

Kounisada.

483. — Femme brûlant un moustique.

484. — Douze estampes, bustes d'acteurs, surmontés de cartouches de paysages par Hirochighé.

485. — Quatre estampes diverses.

486. — Petit format en largeur, montreuse de marionnettes.

487. — Cinq estampes, figures de femmes.

488. — Neuf diptyques, figures de femmes et acteurs.

489. — Sept triptyques, figures de femmes et acteurs.

Kwasetsou.

490. — Six estampes, bustes de profil en ombre chinoise.

491. — Six estampes en hauteur, chacune d'un buste de profil en ombre chinoise.

Divers.

492. — Trois estampes en hauteur. Figures, fleurs et paysage.

493. — Sept estampes en hauteur. Figures de femmes.

494. — Trois grands sourimonos en largeur.

495. — Quatre sourimonos à personnages.

496. — Cinq estampes en largeur. Figures et animaux.

Albums et Livres

497. — Album en largeur, contenant dix-huit aquarelles sur soie, par divers artistes, représentant des sujets variés.

498. — Deux albums format carré, contenant, l'un, vingt-six aquarelles sur papier, représentant des portraits de poètes, et l'autre offrant seize aquarelles sur soie à dessins de fleurs.

499. — Album format carré représentant trente-quatre portraits de poètes, accompagnés de poésies.

500. — Album chinois format carré renfermant six peintures : scènes de cour traitées en miniatures.

501. — Grand album de format carré composé de trente-deux aquarelles sur soie, à sujets de fleurs et d'animaux.

502. — Album formé de cinquante-deux aquarelles sur papier, à sujets variés.

503. — Album formé de cinquante aquarelles sur papier, à sujets de personnages.

504. — Lot composé de deux albums et de cinq petites aquarelles sur soie.

Harunobou.

505. — *Seirō bijin awasé.* — Réunion des Beautés des maisons vertes. Cent quatorze pages de gravures en couleurs.

1770. Yédo. 2 volumes.

Shunsho.

506. — Portraits de quarante-six poètes célèbres, réunis dans un album en largeur.

Tanyu.

507. — *Shintchin gwatchio.* — Collection de reproductions des œuvres célèbres, rassemblées par un admirateur de Tanyu avec la collaboration de Onami.

1803. 3 volumes, petit in-4° en hauteur réunis en un seul, relié en cuir japonais. *Collection Ph. Burty.*

508. — Reproductions de peintures anciennes du Japon.

3 volumes en noir.

Kwasetsou.

509. — Bustes de profil, en ombre chinoise.

1 volume.

Divers

510. — Six volumes variés, en impression noire.

Hok'sai.

511. — Les cinquante-trois stations du Tokaïdo. Cinquante-neuf planches en couleurs, dont huit grandes doubles planches.

    1801, Yédo.

512. — Album contenant les vues des deux rives de la Soumida. Soixante-quatre planches doubles en couleurs.

513. — *Shashinn gwafou*. Album de dessins pris sur le vif. Quinze planches doubles en couleurs.

    1814. Yédo.

Hirochighé.

514. — Album contenant les Cinquante-trois vues du Tokaïdo et quinze autres paysages.

514 *bis*. — *Yédo meisho*. Album de quarante-huit planches en couleurs.

515. — Album contenant soixante-six vues d'Yédo, format en hauteur.

Kouniyochi.

516. — Album grand format contenant cinquante-huit planches doubles. Scènes humoristiques ou fantastiques.

    Date : Ansei, 2ᵉ année.

517. — Grand album contenant quatre-vingt-trois planches représentant les quarante-sept Roninn dans le feu du combat et autres figures : plus cinq triptyques relatifs à l'épopée des Roninn.

Divers.

548. — Album grand format contenant trente planches à sujets de personnages, de fleurs et de paysages en style chinois et un album petit format en largeur, contenant cinquante sourimono de Kioto.

519. — Neuf albums grand format contenant huit cents planches en couleurs : personnages, paysages, etc.

520. — Trois albums petit format, renfermant ensemble cent quatre-vingts planches de paysages et de figures.

521. — Deux albums grand format, contenant quarante-une planches de figures en étoffe, appliquées sur feuilles de soie décorées de paysages et un album chinois contenant onze aquarelles sur soie, représentant divers personnages.

Ouvrages sur l'Art du Japon et de la Chine.

522. — *Kokkwa*. — Fleurs du pays. Ouvrage en cinquante-cinq fascicules in-4° contenant trois cents reproductions en noir et en couleurs des plus célèbres chefs-d'œuvre de l'art japonais.
Yédo, 1855 à 1890.

523. — Le Japon illustré, par Aimé Humbert. Deux volumes grand in-4° contenant quatre cent soixante-seize gravures. Paris 1870.

524. — Promenade japonaise, par E. Guimet, illustré par F. Régamey. Un volume in-4°, Paris 1878.

525. — L'Art japonais, par Louis Gonse Deux volumes grand in-4°
ornés de nombreuses illustrations en noir et en couleurs. Paris
1883.

526. — Le Japon artistique, par S. Bing. Six volumes in-4° illustrés
dans le texte et contenant de nombreuses planches hors texte en noir
et en couleurs.

527. — L'Art japonais, par Louis Gonse. Un volume in-8° avec
gravures dans le texte.

528. — Hokousaï, par Edmond de Goncourt. Un volume in-8°.
Paris 1896.

529. — Le Japon pratique, par Félix Régamey. Un volume in-8°.

530. — Collection Hayashi. Un volume in-4° illustré de nombreuses
planches hors texte. Paris 1902. Catalogue de vente.

531. — Collection Hayashi. Estampes, dessins, livres illustrés.
Un volume in-4° illustré de nombreuses planches hors texte. Paris
1902. Catalogue de vente.

532. — Collection Hayashi. Objets d'art, 2° partie. Un volume in-4°
illustré de nombreuses planches hors texte. Paris 1903. Catalogue de
vente.

Ouvrages sur le Japon et la Chine.

533. — Atlas des voyages à Péking, Manille et l'Ile de France, faits
dans l'intervalle des années 1784 à 1801, par M. de Guignes. Paris.
Imprimerie Impériale. 1808. in-fol., cart. Complet des quatre-vingt-
dix-sept planches gravées par Desève.

534. — La Chine en miniature, par M. Breton. Six vol. in-8° contenant de nombreuses gravures.

535. — Mémoires sur la Chine, par le comte d'Escayrac de Lauture. Grand volume in-4° illustré de nombreuses gravures. Paris 1864.

536. — Vues de la guerre sino-japonaise.

537. — Croquis japonais, par G. Bigot. Album d'eaux-fortes. Tokio 1886.

538. — *G. Komu*, roman japonais, illustré par Félix Régamey. Texte français avec planches en couleurs, par Chiguénoï. Paris 1883.

DEUXIÈME PARTIE

OBJETS D'ART DE LA CHINE
ET DU JAPON

Cloisonnés de la Chine

---

539. — Paire de grands vases de forme élancée, garnis au col d'anses verticales en forme de chauve-souris. Sur le fond d'émail bleu, réticulé de grecques, s'enlèvent des arbres fleuris animés d'oiseaux et de vols de papillons ; les cols décorés de rinceaux en émaux de tons variés. Piédestaux en bois noir ajouré. Haut. des vases, 1.23.

540. — Deux plats à décor de pivoines sur fond d'émail gris.

541. — Paire de bouteilles à panse sphérique, fond bleu et rouge.

542. — Trois boîtes circulaires à côtes de melon.

543. — Trois boîtes rectangulaires à angles arrondis.

544. — Bonbonnière de forme lenticulaire.

545. — Trois cigognes fond noir et fond bleu.

546. — Trois oiseaux d'espèces variées : pigeon, coq et caille.

Bronzes

547. — Grand brûle-parfums tripode, à anses, orné sur le corps d'un décor de chimères : le couvercle surmonté d'une figure du dieu de l'Océan porté par les flots. Haut. 0.79.

548. — Statuette figurant un héros chinois soulevant, de sa main gauche, un brûle-parfums sur trépied avec couvercle à chimère. Haut. 0.59.

549. — Grande pendule en bronze incrusté d'or, représentant un tambour sur son socle au pied duquel jouent deux enfants et surmonté d'un autre enfant tenant un bras de lumière électrique. Les parois du tambour sont ornées, en bas-reliefs dorés, d'un dragon et d'un oiseau de Hô. Haut. 1.26.

550. — Deux vases en forme d'oiseaux supportant des cornets : les plumages incrustés en émail cloisonné.

551. — Deux quadrupèdes chimériques formant brûle-parfums, avec incrustation d'émaux cloisonnés.

552. — Statuette représentant une figure légendaire, le vêtement semé d'ornements dorés.

553. — Quatre vases à fleurs, variés de hauteurs, de formse et de décors.

554. — Statuette du dieu *Yébissou*.

555. — Rat avec châtaigne.

556. — Brûle-parfums à panse ovoïde avec deux anses, surmonté d'un couvercle à chimère, et reposant dans un piédestal à profil incurvé.

557. — Deux vases imitation de vannerie.

558. — Deux bonbonnières incrustées de personnages bouddhiques.

559. — Théière de forme surbaissée à côtes : patine rouge à cartouches noirs.

560. — Petit écran incrusté d'oiseaux et d'une scène à personnages.

Bois sculptés

---

561. — Paire d'éléphants en bois polychromé, montés sur des socles, et supportant des vases de même matière. Haut. 0,64.

562. — Diable avec la malle aux monstres.

563. — Rakan et diablotin.

564. — Divinité avec dragon.

565. — Le diable pèlerin.

566. — Trois groupes et statuettes variés.

567. — Statuette d'Yéma, dieu des enfers.

Ivoires japonais

568. — Dragon articulé. Long. 1.15.

569. — Poisson articulé, 0.38.

570. — Grand sabre finement sculpté et gravé de personnages bouddhiques au milieu de rinceaux.

571. — Trois poignards.

572. — Treize objets ciselés à jours. Travail chinois.

573. — Sculpture représentant, au bord d'un ruisseau ombragé
par un pin et une treille, une chaumière à l'intérieur de laquelle deux
personnages jouent au jeu de *gô*.

574. — Deux dents d'éléphant décorées, en gravure et en incrustation de diverses matières, de scènes enfantines au milieu d'une
végétation de tropique.

575. — Grand groupe représentant un pêcheur et son fils attaqués
par des aigles.

576. — Kwannon sur les flots.

577. — Le Senninn *Gama* jouant du *chamisen*.

578. — Trois pièces : Marchand de gourdes et enfant ; — Pêcheur ; — Marchant ambulant se versant à boire.

579. — Quatre pièces : Amida debout ; — La cloche enchantée ; — Montreur de singe et enfants près d'une colonne de temple ; — Pèlerin.

580. — Trois pièces : Bûcheron portant un aigle et un singe qu'il a capturés ; — Groupe représentant un marchand de légumes et sa femme découvrant un serpent à l'intérieur d'un melon ; — Pêcheur et son fils.

581. — Quatre pièces : Princesse chinoise accompagnée d'un enfant ; — Pêcheur d'awabi et son fils ; — Personnage tenant une langouste ; — Pêcheur accompagné de son enfant et tenant un poisson à la main.

582. — Deux pièces : Héros terrassant un aigle monstrueux ; — Lanterne de temple sculptée à jour, sous laquelle gambadent trois singes.

583. — Quatre pièces : Pêcheurs ; — Chasse au faucon ; — Groupe de Senninn ; — Héros terrassant trois guerriers.

584. — Quatre pièces : Cultivateur regardant un crapaud ; — Aveugle et enfant passant un gué ; — Jeune fille et chien ; — Héros légendaire tenant une cigogne.

585. — Quatre pièces : Vieux prêtre, bois et ivoire ; — Deux buveurs de saké ; — Scène de bataille ; — Enfants et Hotei.

586. — Six pièces : Paysan mystifié par un renard ; — Groupe de bûcherons ; — Personnage à la lanterne et enfant ; — Montreur de marionnettes et enfants ; — Héros chinois et son serviteur ; — Bûcheron, enfant et chiens.

587. — Huit pièces : Scènes légendaires.

588. — Dix pièces : Scènes populaires.

589. — Huit pièces : Groupes variés à sujets de paysans et d'enfants.

590. — Six pièces : Jeune prince ; — Batelier et singe : — Lutteur ; — Singe sur crabe ; — Senninn au tigre : — Squelette et crapaud.

591. — Sept pièces : Guerrier terrassant un diable : — Héros chinois et déesse ; — Sage chinois ; — Homme et enfants ; — Montreur de singe et enfant : — Pêcheuse et son fils ; — Héros en prière et son serviteur.

592. — Douze pièces de tailles variées représentant chacune un sujet de la vie du peuple, chaque pièce sur socle en ivoire sculpté.

593. — Six pièces : Sujets variés.

594. — Vingt pièces : Sujets variés.

595. — Quarante pièces : Sujets variés.

Sculptures bois et ivoire

596. — Éléphant harnaché incrusté de pierreries.

597. — Dix statuettes bois et ivoire :

    A. Pêcheur ;

    B. Marchand de jouets ;

    C. Danseur de Nô ;

    D. Marchand tenant une gourde ;

    E. Jeune pèlerin ;

    F. Femme pèlerin ;

    G. Escamoteur ;

    H. Montreur de singe ;

    I. Vieillard avec seau ;

    J. Garçonnet jouant avec un chat.

Céramiques

598. — Statuette de Daï-Kokou en poterie laquée et dorée.

599. — Oiseau de proie sur rocher. Poterie de Kioto.

600. — Paire de personnages chinois en grès émaillé. Travail de Canton. Haut. 0,58.

601. — Deux statuettes représentant des sages de la Chine. Grès de Canton.

602. — Deux statuettes en poterie de Kioto représentant chacune un vieillard avec un râteau à la main.

603. — Deux figures de mendiants en terre modelée de Tien-tsin.

604. — Grande potiche octogone en porcelaine du Japon, à couvercle à décors polychromes de paysages, de fleurs et d'animaux encadrés d'ornements géométriques, surmontés par des lambrequins avec dominante rouge et bleu clair. Piédestal en bois noir. Haut. du vase 1.35.

605. — Boîte à thé quadrangulaire polychromée en porcelaine du Japon.

606. — Deux statuettes en porcelaine de la Chine représentant la déesse Kouan-inn.

607. — Trois plats en porcelaine du Japon, de décors et de dimensions variés.

608. — Trois plats en porcelaine de la Chine, variés de décors et de dimensions.

Objets divers

609. — Grande coupe hémisphérique à bord festonné, sur piédouche, en argent repoussé d'un grand dragon au milieu des flots agités de la mer. Diam. 0,36.

610. — Deux pagodes à six étages en pierre de lard. Haut. 0,62 et 0,47.

611. — Deux statuettes polychromées, représentant des divinités chinoises.

612. — Grand meuble étagère, les parties pleines, formant portes et tiroirs, laquées d'or et incrustées en nacre, ivoire et autres matières, de motifs variés représentant des scènes à personnages et des fleurs. Haut. 1,61 ; larg. 1,13.

613. — Étagère en bois rouge à quatre tablettes ornées de frises ajourées en bois clair. Le meuble est couronné par une architecture en toit de temple, le tout orné d'incrustations d'ivoire à motifs de paysages. Deux colonnes enroulées de dragons se dressent au-devant des tablettes. Haut. 2 mètres.

614. — Paravent à deux feuilles en soie blanche peinte en couleurs de fleurs et d'oiseaux ; encadrement d'une monture en bois noir sculpté et ajouré, couronné de frontons. Haut. 1,88 ; larg. de chaque panneau 0,75.

615. — Grand lit à baldaquin en bois rouge incrusté d'ivoire, avec parties en bois clair sculpté et ajouré. Le décor se compose de paysages animés, de motifs de fleurs, d'attributs variés, etc.

616. — Guéridon en bois sculpté encastrant une plaque de porcelaine polychrome décorée de personnages et de fleurs. Haut. 0,77.

617. — Lanterne de suspension de forme hexagonale, en bois sculpté laqué rouge garni de vitres enluminées de motifs à personnages. Haut. 0,92.

618. — Objets non catalogués.

OBJETS D'ORIENT

619. — Aiguière sur plateau en travail filigrané et incrusté d'imitations de pierres fines.

620. — Deux cache-pots. Émail de Damas.

621. — Porte-bouquet avec couvercle: travail indien.

622. — Gargoulette à pied et gobelet en cuivre niellé, travail indien.

623. — Seize pièces : six tasses à café en terre cuite et dix objets en cuivre, savoir : un vase de Damas, deux coupes gravées, deux cafetières, deux petits vases à collyre, deux jardinières et une théière.

624. — Six pièces en cuivre découpé et gravé : Quatre lampes de mosquée, une petite table et une coupe en bronze.

625. — Vingt-sept plateaux variés de forme et de grandeur.

626. — Quatorze objets en métal blanc comprenant une cafetière, six zarfs, trois boîtes à sucre, deux coupes, une petite boîte et un brûle-parfums.

627. — Deux aiguières et un pot à anse, cuivre jaune. Travail indien.

628. — Coq formant brûle-parfums, en cuivre ajouré.

629. — Paon sur piédestal en cuivre ciselé et incrusté d'argent, le corps s'ouvrant sur charnière. Travail indien.

630. — Trois pots à couvercle, de formes variées. Travail indien.

631. — Huit coupes de formes variées. Travail indien.

632. — Quatre gobelets de formes diverses. Travail indien.

633. — Six pièces : Jardinière rectangulaire; — Aiguière; — Paire de porte-bouquets ; — Vase à long col : — Bonbonnière. Travail indien.

634. — Écritoire en forme de poisson. Cuivre damasquiné. Travail indien.

635. — Paire de grands vases forme balustre en cuivre repoussé et polychromé.

636. — Trois grands vases à couvercles et à anses formées de figures ailées et de serpents.

637. — Lanterne de suspension arabe en bronze ajouré et garnie d'une retombée de doubles clochettes appendue à chacun des angles. (Objet monté en appareil à gaz). Haut. 1,06.

638. — Un lot composé de soixante pièces : pistolets, sabres, rondaches, poignards, haches, arc, etc.

639. — Meuble d'applique, à pans coupés, composé d'un soubassement et d'un dessus formant étagère. Bois brun gravé à motifs d'entrelacs avec incrustations de nacre et d'ivoire. Haut. 2,04.

640. — Deux piédestaux sur quatre pieds cintrés. Travail analogue. Haut. 0,83.

641. — Trois panneaux de moucharabié. Long. 2.06.

642. — Étagère d'applique à deux rangs de tablettes simulant une architecture de mosquée, enluminée, sur fond blanc, d'un fin décor de rinceaux et de personnages en couleur et or. Travail indien. Long. 1 mètre ; haut. 0.92.

643. — Deux étagères d'appliques, de travail analogue, formant garniture à l'étagère précédente. Long. 0,34 ; haut. 0.92.

644. — Cabinet à cinq tiroirs en bois de santal recouvert d'ivoire à incrustations d'ivoire teinté et d'argent. Haut. 0,37.

645. — Cabinet à portes avec six divisions intérieures. Même travail que le cabinet précédent. Haut. 0,32.

646. — Divinité féminine. Travail indien.

647. — Six pièces : Divinités brahmaniques. Travail indien.

648. — Sept pièces : Paire de flambeaux, sonnette et groupes religieux. Travail indien.

649. — Treize objets. Figures religieuses et animaux sacrés. Travail indien.

650. — Trois divinités lamaïques.

651. — Trois ex-voto bouddhiques en terre cuite.

652. — Quatre pièces en ivoire . Trois groupes à sujets d'éléphants et de chars princiers et un manche de poignard.

653. — Parures diverses : Quatorze bracelets en verre : sept colliers et chapelets en matières diverses, onze bracelets en métal, un lot de bagues en verroterie et deux pendants d'oreille incrustés de pierres.

654. — Plaque de faïence circulaire, ornée d'un décor à personnages en couleurs composé d'un médaillon central entouré d'une large frise. Diam. 0.55.

655. — Seize carreaux en faïence de formes variées, les uns décorés de figures dans un paysage, les autres à motifs de fleurs et de vues de villes.

656. — Sept pièces de vêtements en soie.

657. — Tenture en quatre pièces en soie brodée en relief, d'inscriptions et d'ornements en fils d'or.

658. — Trente-une étoffes diverses.

659. — Un lot d'étoffes variées.

ÉVREUX, IMPRIMERIE DE CHARLES HÉRISSEY

www.ingramcontent.com/pod-product-compliance
Ingram Content Group UK Ltd.
Pitfield, Milton Keynes, MK11 3LW, UK
UKHW031842170726
13836UKWH00004B/1832